マリアさまを見た少女

ベルナデッタ

文　坂牧 俊子

絵　矢車　涼

女子パウロ会

はじめに

みなさんは、教会《きょうかい》や学校《がっこう》のお庭《にわ》で、「ルルド」とよばれる場所《ばしょ》を見《み》たことがありますか？

岩《いわ》の上《うえ》の、ほら穴《あな》のような所《ところ》に、白《しろ》い服《ふく》を着《き》て、青《あお》い帯《おび》をした、マリアさまのご像《ぞう》が立《た》っているでしょう。

どうして、教会《きょうかい》のなかでなく、こんな所《ところ》にマリアさまがいらっしゃるのでしょうね。

また、みなさんは、フランスに、「ルルドの奇跡《きせき》」とよばれるふしぎな泉《いずみ》のあるのを、聞《き》いたことがありますか？

「ルルド」って、なんでしょう。

「奇跡《きせき》の泉《いずみ》」って、なんでしょうか。
これからお話《はな》しするベルナデッタというかわいい少女《しょうじょ》が、それを知《し》っています。
とくべつにマリアさまに愛《あい》されたベルナデッタのお話《はなし》を、どうぞ読《よ》んでくださいね。

もくじ

2

サン・ジルタール修道院《しゅうどういん》

3 奇跡《きせき》の泉《いずみ》

1

ほら穴《あな》の貴《き》婦《ふ》人《じん》

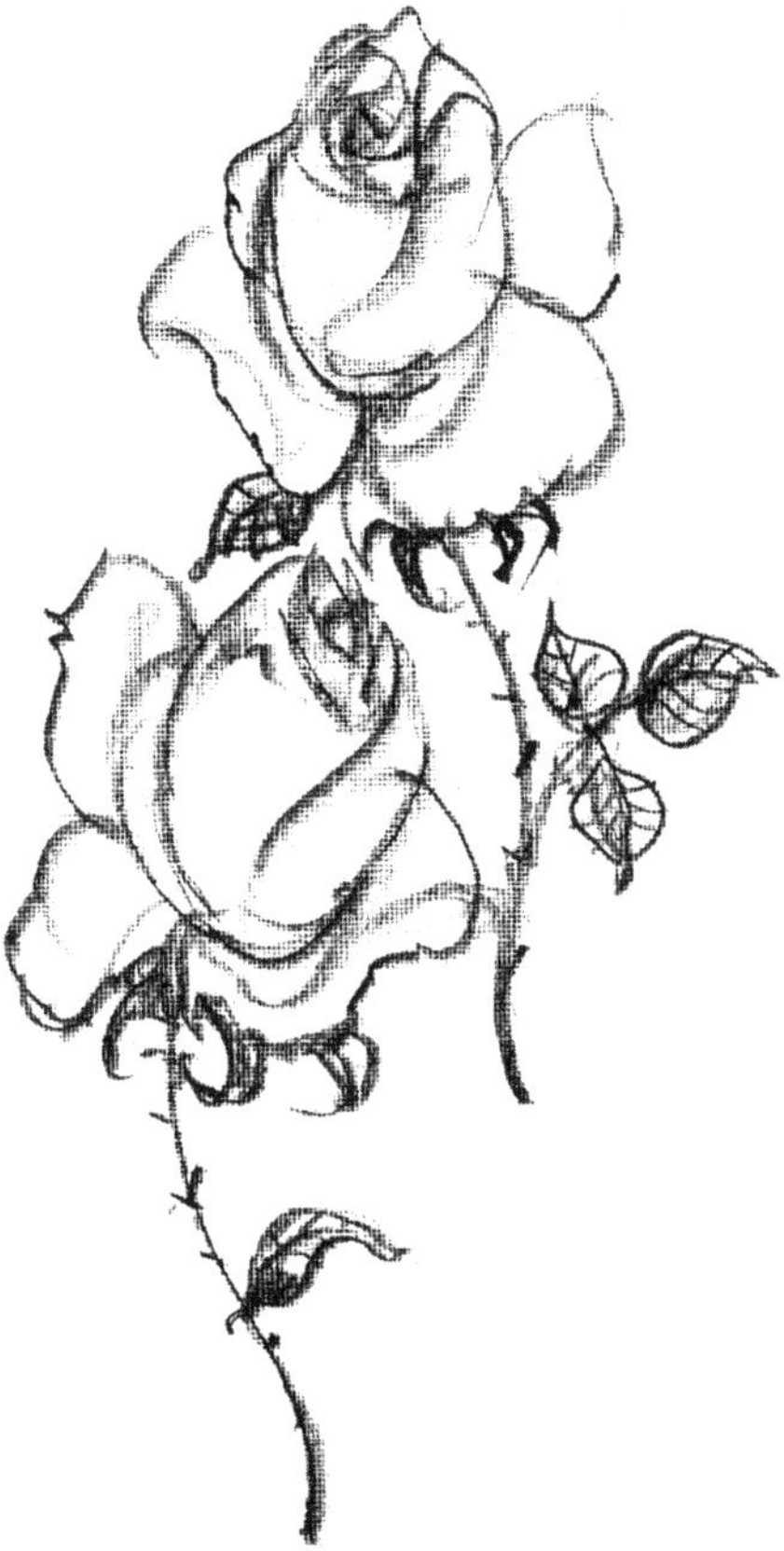

美《うつく》しい人《ひと》

「さあ、こまった。もう、まきがないわ。マリー、ガーブ川《がわ》の近《ちか》くへでも行《い》って、かれ枝《えだ》を集《あつ》めてきてくれない？」

お昼《ひる》のしたくをしようとしていたお母《かあ》さんが言《い》いました。

「わたしも行《い》くわ！」

ちょうど、遊《あそ》びにきていた、いとこのジャンヌが、元《げん》気《き》に立《た》ちあがりました。

「あたしも行《い》かせて！」

そばにいたベルナデッタも、たのみました。

「あなたは、だめよ、ベルナデッタ。外《そと》は寒《さむ》いんだから。ゆうべも、せきがひどかったでしょ」

ベルナデッタは、マリーのお姉《ねえ》さんですが、体《からだ》が弱《よわ》いのです。

「でも、へやのなかにいるより、外《そと》の空気《くうき》をすったほうが気持《きも》ちがいいの。ねえ、おねがい！　あたたかくしていくから」

ベルナデッタは、手《て》をあわせて、お母《かあ》さんにたのみました。

「しょうがないわね。じゃ、ずきんもわすれずにかぶっていくのよ」

お母《かあ》さんは、そう言《い》って、三人《さんにん》を送《おく》りだしました。

おさないむすめたちは、町《まち》をぬけ、近《ちか》くのガーブ川《がわ》の川辺《かわべ》に出《で》ました。

ジャンヌとマリーは、ならんでおしゃべりをしたり、わらったりしながら、先《さき》を歩《ある》いていきます。ベルナデッタは、せきが出《で》るといけないので、追《お》いつきたいのをがまんして、少《すこ》しゆっくり歩《ある》いていますが、ほんとうは、よわよわしい子《こ》ではなくて、ほがらかで、いたずらっ子《こ》でもあるのです。

やがて、三人《さんにん》は、マッサビエルとよばれるほら穴《あな》のある所《ところ》へ来《き》ました。

「あ、見《み》てよ。岩《いわ》の前《まえ》に、かれ枝《えだ》があんなにたくさん！」

ジャンヌが、うれしそうに、流《なが》れの向こうがわを指《ゆび》さしました。

「ほんとだ！　行《い》こう！」

マリーとジャンヌは、すぐにくつとくつ下《した》をぬいで、浅《あさ》い川《かわ》をわたりはじめました。

「きゃあ、冷《つめ》たい！」

ふたりは、氷《こおり》のような水《みず》に足《あし》をつけたとたんに、叫《さけ》びました。つづいてわたろうとしたベルナデッタは、それを聞《き》いて、自分《じぶん》の病気《びょうき》と、お母《かあ》さんのことばを思《おも》いだしました。

もし、そんな冷《つめ》たい水《みず》に足《あし》を入《い》れたら、きっとまたひどいせきが、はじまるにちがいないのです。

「ねえ、おねがい。水《みず》のなかに、二《ふた》つか三《みっ》つ石《いし》を投《な》げてくれない？　あたし、そこをわたっていくから」

「だめよ。はだしになって、わたしたちのしたように、わたっていらっしゃい！」

もう、かれ枝拾《えだひろ》いに夢中《むちゅう》になっているふたりは、言《い》うことを聞《き》いてくれません。しかたがないので、ベルナデッタは、しぶしぶくつとくつ下《した》をぬぎはじめました。

そのときです。

とつぜん、大風《おおかぜ》のような音《おと》が聞《き》こえました。はっとしたベルナデッタは、まわりの木《き》を見《み》ましたが、少《すこ》しもゆれていません。へんだなと思《おも》いながら、くつ下《した》をぬごうとすると、また、同《おな》じ音《おと》がしました。

ベルナデッタは、こわくなって立《た》ちあがり、向《む》こう岸《ぎし》のふたりをよぼうとしましたが、声《こえ》が出《で》ません。そのとき、ほかの木《き》は、ゆれていないのに、向《む》こうのほら穴《あな》の入《い》り口《ぐち》にしげっている野《の》ばらや、雑草《ざっそう》だけが、強《つよ》い風《かぜ》をうけたように、横《よこ》になびいているのが見《み》えました。

ふしぎに思《おも》って見《み》ていると、穴《あな》のなかに、やわらかい光《ひかり》がさして、美《うつく》しい若《わか》い女《おんな》のかたが、白《しろ》い服《ふく》を着《き》て立《た》っているではありませんか。

それは、ベルナデッタが、いままで見《み》たこともないほど美《うつく》しい婦人《ふじん》でした。

そのかたは、白《しろ》く長《なが》い服《ふく》に、青《あお》い帯《おび》をしめ、かみを少《すこ》し見《み》せて白《しろ》いベールをかぶり、両足《りょうあし》には、黄色《きいろ》いばらがついていました。右《みぎ》の手《て》には、金《きん》のくさりと白《しろ》い玉《たま》のロザリオ（聖母《せいぼ》マリアのとりつぎをねがっていのるときに使《つか》う、玉《たま》をつなぎあわせたもの）をもち、ベルナデッタのほうを見《み》て、にっこり手《て》まねきなさったのです。

ベルナデッタは、ゆめでも見《み》たのかと思《おも》い、目《め》をこすったり、まばたきしたりしましたが、そのかたは消《き》えません。ほんとうは、こわいはずなのですが、にげだしたいというより、そこにずっといたいような、喜《よろこ》びでいっぱいになるような、そんな気持《きも》ちでした。

そのうち、ベルナデッタは、ごくしぜんに、スカートのポケットにいつも入《い》れている、自分《じぶん》のロザリオをとりだして、おいのりをするようにひざまずきました。そして、十字架《じゅうじか》のしるしをしようとしたのですが、どうしたことか、手《て》が動《うご》きません。すると、女《おんな》のかたは、ゆっくりと手《て》をあげて、とても美《うつく》しく、十字架《じゅうじか》のしるしをなさいました。ベルナデッタがまねしてみると、こんどはじょうずにできました。

そして、はじめの不安《ふあん》はすっかり消《き》えて、幸《しあわ》せな気《き》持《も》ちだけが残《のこ》りました。
美《うつく》しい婦人《ふじん》をみつめながら、ベルナデッタは、ロザリオの玉《たま》を指《ゆび》でまさぐって、おいのりをとなえました。婦人《ふじん》もいっしょにいのっておられましたが、お口《くち》は動《うご》いていませんでした。

ロザリオのいのりが終《お》わったとき、婦人《ふじん》のすがたは、急《きゅう》に見《み》えなくなってしまいました。

もう、教会《きょうかい》の夕方《ゆうがた》のかねがなっていました。家《いえ》へ帰《かえ》らなければなりません。ベルナデッタは、ゆめからさめたような気持《きも》ちであたりを見《み》まわすと、ぬぎかけたくつ下《した》をとり、冷《つめ》たい水《みず》のなかを平気《へいき》で向《む》こう岸《ぎし》へわたりました。

マリーとジャンヌは、びっくりしてききました。

「冷《つめ》たくないの？」

「ちっとも。おさらを洗《あら》うお湯《ゆ》みたいに、なまぬるいわ」

ベルナデッタは、すましてこたえました。

「そんなら早《はや》く来《き》て、手伝《てつだ》ってくれればいいのに。あんな石《いし》の所《ところ》で、おいのりなんかしてないで。おいのりは、教会《きょうかい》ですればたくさんよ」

ジャンヌは、少《すこ》しおこっていました。

ベルナデッタは、ふたりが、あの婦人《ふじん》を見《み》ていないらしいことに気《き》がつきました。

森《もり》の道《みち》を、三人《さんにん》で歩《ある》きながら、ベルナデッタは、さっきのことを話《はな》そうか、どうしようかとまよっていました。だまっていたほうがいいような気《き》もしましたが、ちょっとだけ、きいてみることにしました。

「ねえ、ふたりとも、さっき、なにか見《み》なかった？」

「ううん、なんにも」

しばらくのあいだ、みんなだまって歩《ある》きました。また、ベルナデッタがききました。

「ほんとに、なんにも見《み》なかった？」

「見《み》なかったけど……、ベルナデッタ、あんたは、なにか見《み》たの？」

ふたりが、ベルナデッタの顔《かお》をのぞきこみました。

「だあれにも言《い》わない？」

「もちろん、だまってるわ。お母《かあ》さんにも、言《い》わないわ。だから、話《はな》して」

ベルナデッタは、そのことばを信《しん》じて、ふたりに、美《うつく》しい婦人《ふじん》を見《み》たことを話《はな》しました。

ひみつを守《まも》るということは、とてもむずかしいことですね。

ベルナデッタと約束《やくそく》したのに、マリーは、家《いえ》へ帰《かえ》るとすぐに、お母《かあ》さんにそのことを話《はな》してしまいました。そして、ジャンヌも、なんにんかの友《とも》だちにしゃべってしまったのです。

お母《かあ》さんは、おどろいて、ベルナデッタをしかりました。

「ばかばかしい。おまえの見《み》まちがいですよ。白《しろ》い岩《いわ》かなにかが、人《ひと》の形《かたち》に見《み》えただけでしょ。もしかしたら、あくまがだましているのかもしれないし、そんな所《ところ》へ、もう二度《にど》と行《い》ってはだめよ。わかったわね？」

——見《み》まちがいなんかじゃない！——。

ベルナデッタは、心《こころ》のなかで言《い》いました。

でも、お母《かあ》さんの言《い》うことは、守《まも》らなければなりません。

あすもまた行《い》ってみたいと思《おも》う心《こころ》を、じっとおさえて、ベッドにはいりましたが、その晩《ばん》は、あの美《うつく》しい貴婦人《きふじん》のすがたが目《め》にうかんで、いつまでもねむれませんでした。

それは、一八五八年《ねん》二月《にがつ》十一日《じゅういちにち》木曜日《もくようび》、いまから、百年以上《ひゃくねんいじょう》もまえの、寒《さむ》い冬《ふゆ》の日《ひ》のことでした。

まずしい一家《いっか》

ベルナデッタの生《う》まれたルルドは、フランスとスペインのさかい、ピレネー山脈《さんみゃく》のなかの、もっとも美《うつく》しい所《ところ》にあり、雪《ゆき》どけの冷《つめ》たい水《みず》をたたえた、きれいなガーブ川《がわ》が、このルルドのわきを流《なが》れています。

一八四四年《ねん》一月七日《いちがつなのか》、この町《まち》のスビルーという家《いえ》に、ベルナデッタは生《う》まれました。はじめての子《こ》どもでした。

お父《とう》さんのフランソワも、お母《かあ》さんのルイズも、信仰《しんこう》があつく、とても親切《しんせつ》な人《ひと》たちでした。一《いっ》けんの水車小屋《すいしゃごや》をかりて、粉《こな》ひきの仕事《しごと》をしていました。一生《いっしょう》けんめいはたらくので、仕事《しごと》もうまくいっていたのですが、心《こころ》のやさしいふたりは、代金《だいきん》をはらえない人《ひと》には、つい、

「お金《かね》は、できたときでけっこうですよ」

と言《い》い、小麦《こむぎ》を運《はこ》んできてくれる人《ひと》にも、いちいちお茶《ちゃ》やおかしをごちそうしたりしたために、だんだんお金《かね》が足《た》りなくなり、仕事《しごと》の損《そん》もかさなって、とうとう家族《かぞく》のたべるものにも不自由《ふじゆう》するようになってしまいました。

そして、ベルナデッタが十歳《じっさい》になったころ、スビルー一家《いっか》は、水車小屋《すいしゃごや》を出《で》なければならなくなり、お父《とう》さんは、きまった仕事《しごと》のない、日《ひ》やとい労働者《ろうどうしゃ》になりました。

貧乏《びんぼう》なために、ふつうのお家《うち》には住《す》めなくて、むかし、ろうやとして使《つか》われていた、せまい小屋《こや》に、住《す》むことになってしまったのです。

「世《よ》のなかには、まずしい人《ひと》がたくさんいるが、こんなまずしい人《ひと》は、めったにないだろう」と、人《ひと》が言《い》うくらいでした。

そのうえ、ベルナデッタは、生《う》まれつき体《からだ》が弱《よわ》く、ぜんそくという病気《びょうき》のため、いつもせきで苦《くる》しんでいました。ときには、息《いき》がとまりそうになるくらいだったのです。でも、ベルナデッタは、けっしてゆううつな子《こ》どもではありませんでした。いつも、ほがらかで、ユーモラスで、友《とも》だちと夢中《むちゅう》になって遊《あそ》んでいました。

学校《がっこう》の先生《せんせい》は、

「年《とし》から見《み》ると、背《せ》のひくい少女《しょうじょ》で、とてもおさなく見《み》え、ばら色《いろ》がかったくり色《いろ》の、きれいな顔《かお》をしており、ビロードのような、大《おお》きな黒《くろ》い目《め》がやさしかった」

と、言《い》っています。

家族《かぞく》の人《ひと》たちも、お金《かね》にはこまっていても、幸《しあわ》せなときと同《おな》じようになかよくくらし、毎晩《まいばん》、かべにかけられた十字架《じゅうじか》のまえにひざまずいて、おいのりをしていました。

そして、いちばん最初《さいしょ》におおいのりをとなえるのは、いつも長女《ちょうじょ》であるベルナデッタでした。

両親《りょうしん》が、はたらきに出《で》るので、ベルナデッタは、家《いえ》にいて、妹《いもうと》や弟《おとうと》たちのめんどうをみなければならず、学校《がっこう》へもほとんど行《い》かれませんでした。そのため、勉強《べんきょう》もおくれて、十四《じゅうし》、五歳《ごさい》になっても、まだ初聖体《はっせいたい》（洗礼《せんれい》を受《う》けた人《ひと》が、はじめてパンの形《かたち》のなかにおられる、キリストさまをいただくこと）を、受《う》けていませんでした。

そこで、あかんぼうのころ、あずけられたことのある、いなかのうばの家《いえ》へ、子《こ》どものお守《も》りをしながら、初聖体《はっせいたい》のための勉強《べんきょう》をさせてもらうという約束《やくそく》で、行《い》くことになりました。

ひとり、家族《かぞく》がへることは、貧乏《びんぼう》なスビルー家《け》にとって、助《たす》けになるという理由《りゆう》もあったのです。

そこでのベルナデッタの仕事《しごと》は、おもに、ひつじの番《ばん》をすることでしたが、それ

だけでなく、子守《こも》りとか、おそうじとか、たくさんすることがありました。うばには、八人《はちにん》の子《こ》どもがいたので、よその子《こ》どもであるベルナデッタには、あまり親切《しんせつ》ではなく、まるで、お手伝《てつだ》いさんのようにあつかわれていました。
感《かん》じやすいベルナデッタには、それがとてもつらかったのですが、不平《ふへい》を言《い》わず、がまんしていました。
でも、いちばんかなしかった

ことは、初聖体《はっせいたい》のための勉強《べんきょう》に行《い》かせてくれるという約束《やくそく》を、うばが守《まも》ってくれないことでした。教会《きょうかい》へ行《い》かせるかわりに、ときどき家《いえ》で、うばが公教要理《こうきょうようり》（カトリックの教《おし》えをわかりやすくまとめた本《ほん》）を読《よ》んでくれるのですが、ベルナデッタは、あまり学校《がっこう》へ行《い》っていないので、むずかしいフランス語《ご》はわかりません。

すると、うばはすぐにおこりだして、

「なんて、おばかさんなのだろう！　なんにもわからないじゃないか！」

と、言《い》うのです。

ずっとあとになってから、いとこのジャンヌが、

「そんなにつらかったのなら、どうして、お父《とう》さんに言《い》わなかったの？」

と、きいたとき、ベルナデッタは、

「だって、これは、神《かみ》さまのお考《かんが》えだと思《おも》っていましたから」

と、こたえました。

神《かみ》さまは、ときどき、わたしたちをつらいめにおあわせになります。それは、ば

つをあたえるためでも、いじめるためでもありません。その苦《くる》しみが、わたしたちを、もっと強《つよ》くし、もっとかしこくするようにと、おあたえになるのです。そして、苦《くる》しいときは、きっと助《たす》けてもくださいます。けっして、がまんできない苦《くる》しみは、おあたえになりません。

ベルナデッタは、人《ひと》に教《おそ》わらなくても、それを知《し》っていたのです。だから、つらくても、不平《ふへい》を言《い》わずに、にこにこしていたのですね。

つぎの年《とし》のお正月《しょうがつ》に、ベルナデッタは、やっと、ルルドの家《いえ》へ帰《かえ》ることができました。ルルドで、神父《しんぷ》さまが、子《こ》どもたちの初聖体《はっせいたい》の準備《じゅんび》をしていると聞《き》いたので、うばにたのんで、帰《かえ》してもらったのです。

ベルナデッタが、あの美《うつく》しいかたを見《み》たのは、それから一《いっ》か月《げつ》ほどたってからでした。

十五日間《じゅうごにちかん》のお約束《やくそく》

お母《かあ》さんから、もうぜったいにほら穴《あな》へ行《い》ってはいけないと言《い》われてはいましたが、ベルナデッタは、どうしても、またあの美《うつく》しいかたに会《あ》いたくてたまりません。金曜日《きんようび》と土曜日《どようび》は、おとなしくしていましたが、十四日《じゅうよっか》の日曜日《にちようび》になると、心《こころ》のなかに、「ほら穴《あな》へ行《い》きなさい」と言《い》う声《こえ》を聞《き》いたような気《き》がして、もうがまんできなくなりました。

「ねえ、おねがい。ほら穴《あな》へ行《い》かせて。あんなきれいなかたがあくまであるはずがないわ。すぐ帰《かえ》ってくるからいいでしょう?」

ベルナデッタは、一生《いっしょう》けんめいたのみました。

「だめですよ!　おまえは、だまされているにちがいないんだから。あくまは、人《ひと》

をだますためには、どんなきれいなすがたにもなって見《み》せるんだからね」

お母《かあ》さんは、聞《き》きいれません。

すると、妹《いもうと》のマリーと、日曜日《にちようび》で遊《あそ》びにきていた五《ご》、六人《ろくにん》の友《とも》だちが、いっしょになって、お母《かあ》さんにせがみました。

「おばさん！　大《おお》ぜいで行《い》けば、こわくないわ。ねえ、みんなでほら穴《あな》へ行《い》ってもいいでしょう？」

この子《こ》どもたちは、マリーから聞《き》いて、このあいだのふしぎなお話《はなし》を、知《し》っていたのです。

お母《かあ》さんは、子《こ》どもたちがあまりうるさく言《い》うので、ついに負《ま》けてしまいました。

「しょうがないね、ほんとうに。行《い》ってもいいけど、晩《ばん》のおいのりの時間《じかん》までには、きっと帰《かえ》ってくるんですよ！」

子《こ》どもたちは、「ワァーイ！」とかん声《せい》をあげて、外《そと》へとびだしましたが、ひとりが、ちょっと心配《しんぱい》そうに言《い》いました。

「もし、ほんとにあくまだったら、どうする？」

「教会《きょうかい》から、聖水《せいすい》（祝別《しゅくべつ》された水《みず》）をもっていきましょうよ。もし、その人《ひと》があくまなら、それをふりかければ、すぐにげてしまうわ」

子《こ》どもたちは、びんのなかに、教会《きょうかい》からもらった聖水《せいすい》を入《い》れ、森《もり》の道《みち》を通《とお》って、ほら穴《あな》の前《まえ》へ来《き》ました。ひざまずいて、みんなでロザリオのおいのりをしているうち、急《きゅう》に、ベルナデッタが声《こえ》をあげました。

「あ！　いらしたわ！　ロザリオをもって、こっちを見《み》ていらっしゃるわ！」

でも、ほかのだれにも、それは見《み》えません。冷《つめ》たく、暗《くら》いほら穴《あな》が見《み》えるばかりです。

「早《はや》く、聖水《せいすい》をふりかけなさいよ！」

そばにいた友《とも》だちが、おそろしそうに、聖水《せいすい》のびんを、ベルナデッタにおしつけました。ベルナデッタは、言われたとおりにしました。

「あのかた、にげたりしないわ。こっちを見《み》て、にこにこしていらっしゃるわ！」

ベルナデッタは、感激《かんげき》したように、なみだをうかべ、うっとりとほら穴《あな》のほうをみつめたままでした。

その顔《かお》は、喜《よろこ》びにかがやいて、見《み》ちがえるように美《うつく》しく見《み》えました。

――ベルナデッタは、死《し》んじゃうのかもしれない――。

子《こ》どもたちは、ふしぎな気持《きも》ちにおそわれて、こわそうにかたをよせあいました。

そのとき、ふいに、岩《いわ》の上《うえ》のほうから小石《こいし》が落《お》ちてきました。

子《こ》どもたちは、何事《なにごと》が起《お》こったのかと、とびあがり、いっせいにがけをかけのぼってにげだしました。

ひとり残《のこ》ったベルナデッタは、美《うつく》しい人《ひと》をみつめたまま、言《い》いました。

「もし、あなたが神《かみ》さまのお使《つか》いでしたら、近《ちか》づいてください」

すると、女《おんな》のかたは、ほほえみながら岩《いわ》のふちすれすれまで、近《ちか》づいてこられました。つづいて、

「もし、あくまからの使《つか》いでしたら、立《た》ちさってください」と、言《い》おうと思《おも》いまし

たが、言《い》えませんでした。そのかたのやさしい、清《きよ》らかなほほえみを見《み》ていると、そんなことを言《い》う必要《ひつよう》もなかったからです。

がけの上《うえ》ににげさった子《こ》どもたちは、さっきの石《いし》は、あとから来《き》た、いとこのジャンヌが、いたずらして投《な》げたことがわかり、みんなでまた、ベルナデッタのようすを見《み》におりてきました。

くすくすわらいながら、近《ちか》づいてきた子《こ》どもたちは、まだそこにひざまずいているベルナデッタのようすに、はっとしました。

顔《かお》は青《あお》ざめ、その大《おお》きなひとみは、じっとほら穴《あな》のほうに向《む》けられたまま、まるで、たましいが地上《ちじょう》から、どこかへ行《い》ってしまっているようです。

「ベルナデッタ！」

そっと近《ちか》づいて、よんでみました。

「ベルナデッタ！」

でも、なにも見《み》えず、なにも聞《き》こえないらしいのです。子《こ》どもたちは、すっかり心配《しんぱい》になり、ちょうど通《とお》りかかった水車小屋《すいしゃごや》の青年《せいねん》をよんできましたが、彼《かれ》は、ベルナデッタのようすを見《み》て感動《かんどう》し、しばらくは近《ちか》よることもできませんでした。

ようやく、近《ちか》くの水車小屋《すいしゃごや》までつれていかれて、正気《しょうき》にかえったベルナデッタを、話《はなし》を聞《き》いてとんできたお母《かあ》さんは、ひどくしかりつけました。

「なんです！　へんなまねなんかして！　わたしに、はじをかかせる気《き》なの？」

ぼうをふりあげたお母《かあ》さんを、青年《せいねん》があわててとめました。

「この子《こ》を打《う》ったりしてはいけません！　へんどころか、ベルナデッタは、まるで天使《てんし》のようでしたよ」

このときの、ベルナデッタの変《か》わったようすについて、うわさが町《まち》じゅうにひろがっていました。たいていの人《ひと》たちは、それを子《こ》どもたちのつくり話《ばなし》だとか、ベルナデッタのおしばいだとか言《い》って信《しん》じませんでした。

でも、あるふたりの婦人《ふじん》が、ほら穴《あな》にあらわれた貴婦人《きふじん》は、最近《さいきん》なくなった、信《しん》

心深《じんぶか》いエリザという人《ひと》の霊魂《れいこん》かもしれないと思《おも》い、それをたしかめるために、ベルナデッタをつれて、ほら穴《あな》へ行《い》きました。ひとりは、女《おんな》のかたに名《な》まえを書《か》いてもらおうと、紙《かみ》とペンをもっていました。

三人《さんにん》がひざまずいて、ロザリオのおいのりをしていると、

「あ、いらしたわ！」

と、ベルナデッタが言《い》いました。

感激《かんげき》にみちたその顔《かお》は、うっとりとして、気《き》を失《うしな》っているように見《み》えました。かなしいことに、ふたりの婦人《ふじん》には、なにも見《み》えません。

「ベルナデッタ、そのかたは、わたしたちになにか知《し》らせたいことがあるのかもしれません。お名《な》まえと、お望《のぞ》みをこれに書《か》いてくださるよう、あなたからたのんでください」

ひとりが、紙《かみ》とペンを、ベルナデッタにわたしました。

「どうぞ、お名《な》まえを書《か》いてください」

言《い》われたとおり、ベルナデッタは、岩《いわ》の近《ちか》くまで行《い》って、紙《かみ》とペンを女《おんな》のかたにさしだしました。

「その必要《ひつよう》はありません」

女《おんな》のかたは、やさしくほほえんでおっしゃいました。ベルナデッタは、はじめて女《おんな》のかたのきれいな声《こえ》を聞《き》いたのです。それは、ベルナデッタがいつも使《つか》っている、その地方《ちほう》のことばでした。

「それより、あなたにおねがいがあります。これから十五日間《じゅうごにちかん》、ここへ会《あ》いにきてくれますか？」

ベルナデッタは、びっくりし、あわててこたえました。

「両親《りょうしん》がゆるしてくれましたら、喜《よろこ》んでまいります」

帰《かえ》り道《みち》、ベルナデッタは、美《うつく》しいあのかたは、お名《な》まえを教《おし》えてはくださらなかったけれど、エリザではない、とふたりの婦人《ふじん》につたえました。

「あのかたは、あなたがたおふたりのほうを向《む》いて、とてもやさしくほほえんでいらっしゃいましたよ。そしてわたしには、〝私《わたくし》は、あなたがこの世《よ》で幸福《こうふく》であるとは約束《やくそく》しませんが、あの世《よ》での幸福《こうふく》を約束《やくそく》します〟と、おっしゃいました」

ふたりの婦人《ふじん》は、目《め》には見《み》えなくとも、その美《うつく》しいかたのほほえみを、それからのち、いつも心《こころ》のなかに思《おも》いうかべて幸《しあわ》せでした。

〝この世《よ》での幸福《こうふく》は約束《やくそく》しないけれど、あの世《よ》で幸福《こうふく》にしてあげましょう〟と、いうそのかたのおことばは、どういうことなのでしょう。

もし、人間《にんげん》の体《からだ》が死《し》んだときに、なにもかも終《お》わりになるのだったら、この世《よ》で不幸《ふこう》だった人《ひと》は、なんてかわいそうなのでしょう。一生《いっしょう》けんめい正《ただ》しいことをしようと努力《どりょく》しているのに、貧乏《びんぼう》だったり、かなしいめにあったりしている人《ひと》が、この世《よ》のなかには大《おお》ぜいいます。神《かみ》さまが、愛《あい》さずにいられないような、よい人《ひと》たちがみな、この世《よ》で幸《しあわ》せとはかぎりません。そのような人《ひと》たちに、神《かみ》さまは、いつ幸《しあわ》せをおあたえになるのでしょうか。

〝あの世《よ》で幸福《こうふく》にしてあげましょう〟と、あのかたはおっしゃいました。死《し》んだあとで、幸《しあわ》せにしてくださるというのです。

この世《よ》でつらいことがあっても、負《ま》けずにがまんして、神《かみ》さまに愛《あい》されるよい子《こ》でいれば、神《かみ》さまは、必《かなら》ず幸《しあわ》せを用意《ようい》して、待《ま》っていてくださるのです。ベルナデッタは、神《かみ》さまの愛《あい》を信《しん》じていましたから、この世《よ》での生活《せいかつ》がつらくとも、少《すこ》しも気《き》にせず、いつもほがらかにしていました。

いっぽう、ベルナデッタのお母《かあ》さんは、人《ひと》びとが、むすめのことをいろいろとうわさしはじめたのが、心配《しんぱい》でたまりません。

はじめのうちは、ばかげたことをしてはいけないと、ベルナデッタをしかってばかりいましたが、人《ひと》びとの話《はなし》を聞《き》くと、そうふうがわりなことをしているとは思《おも》えません。でも、お母《かあ》さんには、ベルナデッタにだけ見《み》えるというそのかたが、神《かみ》さまからのお使《つか》いとは、とても考《かんが》えられませんでした。なぜなら、ベルナデッタは、まだ初聖体《はっせいたい》も受《う》けていないし、むずかしいことはなにもわからない、平凡《へいぼん》なむすめなので、そんなすばらしいおめぐみを受《う》けるはずがないと思《おも》ったからです。

マッサビエルのほら穴《あな》については、むかしからいろいろうわさがあって、ときには、おばけが出《で》たり、ふしぎなことが起《お》こったりするといいます。女《おんな》のかたが、お名《な》まえをきいても返事《へんじ》をなさらないのが、あやしい。やはり、あくまのしわざではないだろうか……。

お母《かあ》さんは、もう心配《しんぱい》でじっとしていられなくなり、妹《いもうと》の所《ところ》へ相談《そうだん》に行《い》きました。そして、やはり自分《じぶん》の目《め》でたしかめるために、一度《いちど》ほら穴《あな》へ行《い》ってみることにしました。

二月十九日《にがつじゅうくにち》の金曜日《きんようび》、お母《かあ》さんとその妹《いもうと》は、ベルナデッタといっしょに、はじめてほら穴《あな》へやってきました。

ひざまずいていのったのち、ベルナデッタは、目《め》をほら穴《あな》のほうへあげました。そのとき、とつぜん、ようすが変《か》わり、その顔《かお》はばら色《いろ》にかがやいて、なんともいえない美《うつく》しさになりました。かすかにくちびるを動《うご》かして、なにかを話《はな》したり、ほほえんだり、うなずいたり、ほんとうに幸《しあわ》せそうでした。

それを見《み》たお母《かあ》さんと妹《いもうと》は、思《おも》わず、

「ああ、なんてあの子《こ》はきれいなのでしょう！」

と、さけびました。

三十分《さんじゅっぷん》くらいして、やっとベルナデッタは、ふつうにもどりましたが、幸福《こうふく》のあまり、しばらくは、まだぼんやりしているようでした。

「女《おんな》のかたは、なにかおっしゃったの？」

お母《かあ》さんがききました。

「わたしが約束《やくそく》を守《まも》ってここへ来《き》たことを、お喜《よろこ》びになって、なにかあとでうちあけることがあるともおっしゃったわ。それから、あのかたとお話《はな》ししてるうちに、なんだかおそろしい声《こえ》が聞《き》こえたの。大《おお》ぜいの人《ひと》が、けんかをしているような声《こえ》だったけど、あのかたが目《め》をあげて、にらむようになさったら、〝にげろ、にげろ〟

ってさけんで、急《きゅう》に聞《き》こえなくなったわ」

お母《かあ》さんは、女《おんな》のかたがあくまなのではなくて、女《おんな》のかたににらまれてにげていったほうが、あくまなのかもしれないと思《おも》いました。


五回《ごかい》めに、ベルナデッタが、お母《かあ》さんといっしょにほら穴《あな》へ行《い》ったときには、うわさをつたえきいた人《ひと》たちが、四《し》、五百人《ごひゃくにん》も集《あつ》まっていました。その人《ひと》たちのなかには、からかい半分《はんぶん》で来《き》た人《ひと》や、うそを見《み》ぬいてやろうとしてきた人《ひと》もいましたが、ベルナデッタの、天国《てんごく》を見《み》ているような表情《ひょうじょう》と、うやうやしいたいどに、すっかり感激《かんげき》して、だれもそれをおしばいだとは言《い》わなくなりました。

六回《ろっかい》めにあたる二月二十一日《にがつにじゅういちにち》の日曜日《にちようび》には、有名《ゆうめい》なお医者《いしゃ》さまのドズー博士《はかせ》というかたが、このうわさを科学的《かがくてき》にしらべようと、ほら穴《あな》へやってきました。

ベルナデッタが、病気《びょうき》なのかもしれない、と思《おも》ったからです。

貴婦人《きふじん》があらわれたらしく、いつものように、ベルナデッタのようすが美《うつく》しく変《か》わっているとき、博士《はかせ》はそばに行《い》って脈《みゃく》をしらべたり、呼吸《こきゅう》をしらべたりしましたが、なにも変《か》わったところはありませんでした。

ベルナデッタが、ふつうにもどったとき、博士《はかせ》がききました。

「どんなことがあったのですか？」

「きょう、あのかたはかなしそうなお顔《かお》をなさって、〝罪《つみ》びとのためにいのりなさい〟と、おっしゃいました」

「そのかたが出《で》てこられるときは、どんなようすなのですか？」

「最初《さいしょ》に、光《ひかり》がさしてきます。それから、そのかたがおあらわれになります。わたしにほほえんでおじぎをなさり、そのあとで、十字架《じゅうじか》のしるしをなさいます。おすがたが消《き》えるときは、最初《さいしょ》に、ほら穴《あな》のなかへあのかたが見《み》えなくなり、そのあとで、光《ひかり》が消《き》えます」

「そのかたは、どんなかたですか？」

「とても口《くち》では言《い》えないほど美《うつく》しく、おやさしいのです。お年《とし》は、十六《じゅうろく》、七歳《しちさい》くらいで、いつもむねのところに手《て》をあわせ、すんだ青《あお》い目《め》でわたしをごらんになります」

「わたしが、あなたの手《て》をとって、脈《みゃく》をしらべたのを、知《し》っていますか？」

「いいえ、知《し》りませんでした」

ベルナデッタは、とてもすなおにこたえました。

博士《はかせ》は、そのあとも、いろいろと調査《ちょうさ》をしましたが、ベルナデッタがうそを言《い》っているとは考《かんが》えられず、

「このことは、科学《かがく》ではせつめいのできない、ふしぎなできごとである」

と、発表《はっぴょう》しました。

ジャコメ署長《しょちょう》

ほら穴《あな》に集《あつ》まる人《ひと》たちは、日《ひ》ましに多《おお》くなりました。警察《けいさつ》では、あまりせまい所《ところ》

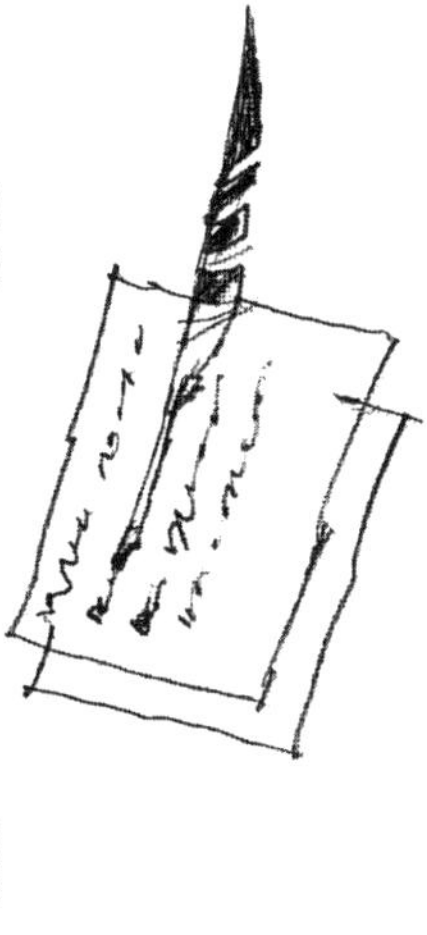

に大《おお》ぜい集《あつ》まるのはきけんだと考《かんが》え、ベルナデッタに、ほら穴《あな》へ行《い》くのをやめさせようと思《おも》いました。

最初《さいしょ》に、検事《けんじ》が、自分《じぶん》の家《いえ》へよんで、もうほら穴《あな》へ行《い》かないようにと言《い》いましたが、ベルナデッタは、

「あのかたとお約束《やくそく》しましたから、あと十二《じゅうに》日間《にちかん》は行《い》かなければなりません」

と、言《い》って聞《き》きません。

検事《けんじ》が、おどかすようなようすを見《み》せても、ベルナデッタは、けっしてこわがらず、女《おんな》のかたの話《はなし》をするときも、心《こころ》の清《きよ》さが目《め》にあらわれ、うそを言《い》っているようなようすは、少《すこ》しも見《み》られませんでした。検事《けんじ》は、

「この子《こ》を悪《わる》く言《い》う理由《りゆう》は、まったくない」

と、言《い》い、ほら穴《あな》へ行《い》くのをやめさせることは、できませんでした。

日曜日《にちようび》の午後《ごご》のことでした。ベルナデッタが、教会《きょうかい》から出《で》てくると、ルルドの警《けい》

察《さつ》のジャコメ署長《しょちょう》が、おもてで待《ま》っていました。彼《かれ》は背《せ》が高《たか》く、りっぱな体《からだ》をしており、悪《わる》いことをした人《ひと》は、この人《ひと》の前《まえ》では、すぐにうそを見《み》やぶられて、白状《はくじょう》するので有名《ゆうめい》でした。

ベルナデッタが、この署長《しょちょう》につれていかれるのを見《み》て、そばにいた人《ひと》たちは、

「かわいそうに。ベルナデッタは、刑務所《けいむしょ》に入《い》れられるのかもしれない」

と、言《い》いました。

「わたしは、刑務所《けいむしょ》に入《い》れられても、なにも悪《わる》いことをしてないのですもの。すぐに出《で》てくるわ」

ベルナデッタがわらって言《い》いました。

署長《しょちょう》は、自分《じぶん》のへやで、机《つくえ》を前《まえ》に、紙《かみ》とペンを用意《ようい》して、ベルナデッタと向《む》かいあいました。そして、いかにもやさしいたいどで、質問《しつもん》をはじめました。

「ベルナデッタと言《い》ったね？　年《とし》は、いくつかい？」

「十四歳《じゅうよんさい》です」

署長《しょちょう》は、ベルナデッタが、十四歳《じゅうよんさい》にしては、あまり背《せ》が小《ちい》さいのでびっくりしました。

でも、とてもおちついていて、かしこそうです。

「おまえが、マッサビエルのほら穴《あな》で見《み》たこと、聞《き》いたことを、なんでもいいから、みんな話《はな》してごらん」

ベルナデッタは、ほら穴《あな》でのお話《はなし》を、みんな話《はな》しました。その顔《かお》は、幸《しあわ》せにあふれているように見《み》えました。

署長《しょちょう》は、その話《はなし》を、紙《かみ》にみな書《か》きとってから言《い》いました。

「よろしい。では、おまえは、その女《おんな》の人《ひと》がだれか知《し》っているのかい？」

「いいえ、知《し》りません」

「そのかたは、たいへん美《うつく》しいというが、この町《まち》で評判《ひょうばん》の、パイヤソン夫人《ふじん》くらい美《うつく》しいのかね？」

「いいえ！　パイヤソン夫人《ふじん》とは、とてもくらべものにならないくらい、きれいな

かたです」

「そうか。年《とし》は、いくつくらいかね？」

「十六《じゅうろく》、七歳《しちさい》に見《み》えます」

「どんなものを着《き》ていた？」

「白《しろ》くて長《なが》い服《ふく》に、青《あお》い帯《おび》をして、頭《あたま》には白《しろ》いベールをかぶり、両方《りょうほう》の足《あし》のところに、黄色《きいろ》いばらがついていました」

「ああ、足《あし》があるのかい？」

「もちろんです！　でも、きものとばらにかくれていて、指先《ゆびさき》だけしか見《み》えませんでした」

「かみの毛《け》は、見《み》えたのか？」

「ベールのはしから、少《すこ》し見《み》えました」

「おまえが見《み》たときに、ほかの子《こ》どもたちもいっしょにいたのだろう？」

「はい、いました」

「その子《こ》どもたちも見《み》たのか？」

「いいえ、見《み》ませんでした」

「どうして、それがわかるのかね？」

「子《こ》どもたちが、わたしにそう言《い》いましたから」

「どうして、見《み》なかったんだろうね」

「わたしは知《し》りません」

「おまえがゆめを見《み》ていたんじゃないのかね？」

「いいえ、わたしははっきり目《め》がさめていました」

「そう思《おも》っただけだろう」

「ちがいます。ゆめじゃないかと思《おも》って、なんども目《め》をこすって、たしかめたんです。まちがいありません」

「その女《おんな》の人《ひと》は、聖母《せいぼ》マリアなのか？」

「わかりません。なにもおっしゃいませんから」

「その人《ひと》は、教会《きょうかい》のご像《ぞう》のように、じっと立《た》っているのかい？」

「いいえ、そのかたは身動《みうご》きなさるだけでなくて、ほほえんで、ものもおっしゃいます。わたしに十五日間《じゅうごにちかん》、ほら穴《あな》へ来《き》てくれとおっしゃいました」

「おまえは、なんて返事《へんじ》をしたのかね？」

「きっとまいりますと、お約束《やくそく》しました」

「おまえの両親《りょうしん》は、それをゆるしたのか？」

「それはおまえのまよいだから、行《い》ってはいけないと言《い》いました」

「そうか、もっともなことだ。両親《りょうしん》の言《い》うとおり、もうそこへ行《い》かないほうがいい。世間《せけん》の人《ひと》たちは、みんなおまえを正気《しょうき》でないと言《い》ってわらっているぞ。おまえの見《み》たのは、ほんとうの人間《にんげん》じゃないんだからね」
「いいえ！　わたしが見《み》たのは、ほんとうの人間《にんげん》です。世間《せけん》の人《ひと》がどう思《おも》おうと、わたしはかまいません」

ベルナデッタは、少《すこ》しもまよったりするようすがありません。署長《しょちょう》はこまって、なんとかベルナデッタの言《い》うことに、くいちがいをみつけたいと、いろいろためしてみました。

「おまえが、それだけ信《しん》じているなら、それでよい。ねんのために、わたしがもう一回《いっかい》よみなおすから、聞《き》いていなさい」

署長《しょちょう》は、そう言《い》って、紙《かみ》に書《か》いたものをよみはじめました。

「ほら穴《あな》にあらわれる女《おんな》の人《ひと》は、パイヤソン夫人《ふじん》と同《おな》じくらい美《うつく》しい」
「いいえ、パイヤソン夫人《ふじん》とはくらべられないくらい美《うつく》しいと申《もう》しました」
「年《とし》は、十八《じゅうはち》、九歳《きゅうさい》」
「いいえ、十六《じゅうろく》、七歳《しちさい》です」

「服《ふく》は青《あお》くて、白《しろ》い帯《おび》をしている」

「いいえ、まるで反対《はんたい》です。白《しろ》い服《ふく》に青《あお》い帯《おび》」

「かみの毛《け》は、長《なが》くうしろにたれて……」

「いいえ、うしろにたれているのはベールで、かみの毛《け》は、そのはしから少《すこ》し見《み》えただけです」

「帯《おび》には、黄色《きいろ》いばらがついていて……」

「ちがいます。ばらは足《あし》もとについているのです」

ベルナデッタは、署長《しょちょう》の言《い》うことを、全部正確《ぜんぶせいかく》に言《い》いなおしたので、署長《しょちょう》の作戦《さくせん》は、みごとに失敗《しっぱい》してしまいました。

そこで、こんどはおどかすことにしました。

「ベルナデッタ、おまえが、いくらそんなことを言《い》っても、みんなうそだということくらい、知《し》っているぞ。おまえは、だれかに言《い》われてやっているのだろう」

「署長《しょちょう》さんのおっしゃることは、なんのことだか、わたしには少《すこ》しもわかりません」

ベルナデッタは、びっくりして言《い》いました。

「おまえは、だれかに言《い》われたとおり、おしばいをして、聖母《せいぼ》マリアに愛《あい》されたむすめだとか、なんとか言《い》われてほめられるのを喜《よろこ》んでいるんだろう。みんながお金《かね》をくれたり、物《もの》をくれたりするのがうれしいんだろう」

ベルナデッタは、顔色《かおいろ》を変《か》えました。

「ひどいわ！　署長《しょちょう》さん。わたし、お金《かね》なんかもらったことありません！　ただ、ほんとうのことを言《い》っているだけです！」

「さあさあ、そんなにこうふんしないで。おまえが、ただ〝ほんとうは、なにも見《み》なかった。もうほら穴《あな》へは行きません〟と、ひとこと言《い》えばすむことなんだから」

署長《しょちょう》は、なだめるように言《い》いました。

「わたしは、うそをついていませんし、あのかたとの約束《やくそく》ですから、ほら穴《あな》へは行《い》かなければなりません」

ベルナデッタは、署長《しょちょう》の目《め》をはっきりみつめて言《い》いました。

少《すこ》しもこわがっていないのです。

署長《しょちょう》は、すっかりこまってしまい、ちょうど、おそるおそるはいってきた父親《ちちおや》に、むすめをつれて帰《かえ》るように言《い》いました。

ベルナデッタの自信《じしん》にみちた話《はな》しぶりを思《おも》いだしながらも、署長《しょちょう》は、やっぱりこれは、だれか悪《わる》い人間《にんげん》が考《かんが》えだしたつくりごとにちがいない、あのむすめは、だまされておしばいをしているだけなのだと思《おも》っていました。

泉《いずみ》の発見《はっけん》

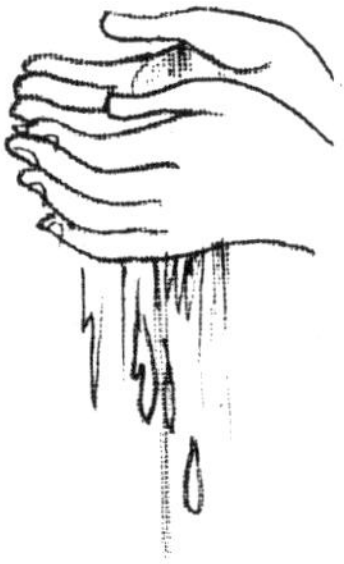

つぎの日《ひ》、ベルナデッタは、両親《りょうしん》が、ほら穴《あな》へは行《い》かないようにとあまりきびしく言《い》うので、あきらめて、まっすぐ学校《がっこう》へ行《い》きました。

学校《がっこう》では、先生《せんせい》たちが、いろいろ質問《しつもん》し、しまいには「おまえは気《き》がへんになっている」とか、「うそを言《い》っている」とか言《い》ってしかりました。友《とも》だちも「あなたは、聖人《せいじん》ぶっているわ」とか、「人《ひと》からさわがれるのが、うれしいんでしょう」と言《い》って、ベルナデッタをいじめるのです。ほら穴《あな》へ行《い》かれないだけでもつらいのに、みんなにこんなことを言われて、ベルナデッタは、ほんとうにかなしくなりましたが、一生《いっしょう》けんめいにがまんしていました。

やがて、お昼《ひる》になったので、お食事《しょくじ》のために家《いえ》へ帰《かえ》り、また、学校《がっこう》へ行《い》こうとしたとき、急《きゅう》にふしぎな力《ちから》にひっぱられるように、自分《じぶん》でも知《し》らないうちに、ほら穴《あな》へ向《む》かっていました。そこには、ベルナデッタを見《み》ようとする人《ひと》たちが大《おお》ぜい、朝《あさ》から集《あつ》まっていました。

ベルナデッタは、いつもの場所《ばしょ》にひざまずき、熱心《ねっしん》にロザリオのおいのりをしながら、ほら穴《あな》のほうをじっとみつめていましたが、その日《ひ》は、ついに女《おんな》のかたはあらわれませんでした。

「ほら、見《み》ろ。なにも出《で》てこなかったじゃないか」

「ばかな話《はなし》だ」

信《しん》じていなかった人《ひと》たちは、そう言《い》ってわらいました。

ベルナデッタは、自分《じぶん》がなにかあのかたに、失礼《しつれい》なことをしたのかしらと、とてもかなしくなりました。

ベルナデッタが、言《い》うことを聞《き》かずに、また、ほら穴《あな》へ行《い》ったということを聞《き》いたジャコメ署長《しょちょう》は、彼女《かのじょ》をよびつけて、きびしくしかりました。

「これ以上《いじょう》、人《ひと》さわがせなことをすると、こんどこそ、ほんとうに刑務所《けいむしょ》へ入《い》れてしまうぞ！」

ベルナデッタは、それを聞《き》いても、少《すこ》しもおどろきません。

「わたしは、いままでにひとりでも、ほら穴《あな》へいらっしゃいとさそったおぼえはありませんし、せんでんしたこともありません。わたしに、なんの罪《つみ》があるのですか？大《おお》ぜいの人《ひと》が集《あつ》まってなにをしようと、わたしには関係《かんけい》のないことです」

おちついて、はっきりと言《い》うベルナデッタのようすは、とても十四歳《じゅうよんさい》の少女《しょうじょ》とは思《おも》えません。さすがのジャコメ署長《しょちょう》も、ベルナデッタに、ほら穴《あな》へ行《い》くのをやめさせる理由《りゆう》をみつけることができず、教会《きょうかい》の神父《しんぷ》さまとも相談《そうだん》した結果《けっか》、むりに禁止《きんし》するのは、やめることにきめました。

つぎの二十三日《にじゅうさんにち》の火曜日《かようび》は、朝早《あさはや》くから、もう二百人《にひゃくにん》くらいの人《ひと》が集《あつ》まって、ベルナデッタの来《く》るのを待《ま》ちかまえていました。

そのなかには、博士《はかせ》や弁護士《べんごし》、ルルドのえらい人《ひと》たちの顔《かお》も見《み》えました。

六時《ろくじ》ごろになると「あ、来《き》た、来《き》た」と言《い》うささやきが起《お》こり、ベルナデッタがやってきました。おもしろがってわらって見《み》ている者《もの》もありましたが、そんな人《ひと》たちには目《め》もくれず、ベルナデッタは、いつもの所《ところ》にひざまずいて、ロザリオのおいのりをはじめました。

その熱心《ねっしん》なたいどを見《み》て、さわいでいた人《ひと》たちも、しいんと静《しず》かになりました。

そのうち、急《きゅう》に、ベルナデッタの顔《かお》が変《か》わり、天使《てんし》のように美《うつく》しい表情《ひょうじょう》になりました。あのかたが、あらわれたのです。

ベルナデッタをじっと見《み》ていた人《ひと》たちは、みんな思《おも》わずひざまずいて、いっしょにいのりはじめました。ほかの人《ひと》たちには、女《おんな》のかたのすがたは見《み》えなかったのですが、それでも、なにかふしぎなことが起《お》こっているということはわかりました。

そのベルナデッタを見《み》ていたえらい人《ひと》のなかには、心《こころ》から神《かみ》さまを信《しん》じるようになった人《ひと》もいたということです。

その日《ひ》、貴婦人《きふじん》は、ベルナデッタだけに、三《みっ》つのひみつをお教《おし》えになったのですが、それがなんであったのか、死《し》ぬまでベルナデッタは、だれにも話《はな》しませんでした。あのかたが〝これは、あなただけに関係《かんけい》のあることです。ほかの人《ひと》に話《はな》してはいけません〟と、おっしゃったからです。

つぎの日《ひ》も、貴婦人《きふじん》はあらわれましたが、その日《ひ》のベルナデッタは、とてもかなしそうで、目《め》にはなみだがいっぱいでした。そして、泣《な》きながら、地面《じめん》にくちびるをつけてせっぷんしました。

あとで「どうして、あんなことをしたのですか？」と、人《ひと》びとがきいたとき、ベ

ルナデッタは、

「あのかたが、罪《つみ》びとが罪《つみ》を後悔《こうかい》するよう、神《かみ》さまにいのりなさいとおっしゃり、罪《つみ》のつぐないのために、地面《じめん》にせっぷんしなさいと、おっしゃったのです」

と、言《い》いました。

これは、悪《わる》いことをして、神《かみ》さまをかなしませている人間《にんげん》たちが、わるかったと反省《はんせい》し、つぐないとして、苦《くる》しみをささげるようにという、お言《い》いつけなのでした。

ベルナデッタは、世《よ》の人《ひと》びとがたくさんの罪《つみ》をおかしながら、それを悔《く》いあらためることもなく、平気《へいき》ですごしていることをおそろしく思《おも》い、人《ひと》びとの罪《つみ》をつぐなうために、自分《じぶん》はこの世《よ》では楽《たの》しみをねがわず、苦《くる》しみをがまんして、神《かみ》さまにおささげする生活《せいかつ》をえらぼうと、きめたのでした。

二月《にがつ》二十五日《にじゅうごにち》の木曜日《もくようび》には、朝《あさ》の二時《にじ》ごろから、もう人《ひと》びとが集《あつ》まっていました。ベルナデッタをよく見《み》ることができる場所《ばしょ》をとろうとして、みんな早《はや》く行《い》くのです。

ベルナデッタが着《つ》いたときには、もう三百人以上《さんびゃくにんいじょう》の人《ひと》が来《き》ていました。あのかたは、すぐにおあらわれになったようです。なにかおっしゃっているらしく、ベルナデッタは、うなずいたりしていますが、ほかの人《ひと》にはなにも聞《き》こえません。

やがて、ベルナデッタは、ガーブ川《がわ》のほうへ行《い》こうとしました。でも、すぐに、よびとめられたようにふりかえり、ほら穴《あな》のほうへもどってくると、体《からだ》をかがめて、なにかをさがしはじめました。でも、なにもみつからないらしく、また、ほら穴《あな》のほうをふりかえって、首《くび》をかしげるようにしました。

なにをお話《はな》ししているのでしょう。

人《ひと》びとは息《いき》をつめて、そのようすを見《み》ています。すると、ベルナデッタは、おどろいたことに、土《つち》の上《うえ》にひざをつくと、どろんこの地面《じめん》を、手《て》で掘《ほ》りはじめたのです。

いったい、なにをするつもりなのでしょう。

見《み》ている人《ひと》たちは、びっくりしてしまいました。少《すこ》し掘《ほ》ると、その穴《あな》から、少《すこ》しずつ水《みず》がにじみでてきました。

きたないどろ水《みず》です。

ベルナデッタは、これを両手《りょうて》ですくって、顔《かお》に近《ちか》づけましたが、ちょっと顔《かお》をしかめて、捨《す》ててしまいました。二度《にど》、三度《さんど》と同《おな》じことをくりかえしたあと、四回《よんかい》めに、思《おも》いきって、その水《みず》をのみ、顔《かお》を洗《あら》ったのです。

きれいだったベルナデッタの顔《かお》は、どろだらけによごれてしまいました。そのうえ、岩《いわ》の所《ところ》まで歩《ある》いていって、そこにはえている草《くさ》をとってたべたではありませんか。集《あつ》まっていた人《ひと》たちは、

「やっぱり、気《き》がへんなんだ！」

と、さけびました。天使《てんし》のように美《うつく》しいと聞《き》いていたのに、ベルナデッタの顔《かお》は、どろだらけですし、いつもは、感激《かんげき》して見《み》ていた人《ひと》たちまで、きょうばかりは、すっかりあきれてしまいました。

おいのりが終《お》わって、歩《ある》きだしたベルナデッタを大《おお》ぜいの人《ひと》がとりかこみました。

「どうして、あんなことをしたの？」

「あのかたが〝泉《いずみ》へ行《い》って、水《みず》をのみ、顔《かお》を洗《あら》いなさい〟とおっしゃったの。でも、泉《いずみ》なんてないでしょう。だから、川《かわ》へ行《い》こうと思《おも》ったら、あのかたは、ほら穴《あな》の左《ひだり》のほうをさすのです。ちょっとそこを掘《ほ》ったら、水《みず》が出《で》てきたのです」

「草《くさ》をたべたのは、なんのためなの？」

「わたしにもわかりません。ただ、あのかたは、罪《つみ》びとのためにと、おっしゃったの」

ベルナデッタのようすは、いつもと少《すこ》しも変《か》わらず、正気《しょうき》でないとは思《おも》えません。人《ひと》びとは信《しん》じてよいのか、どうか、すっかりわからなくなってしまいました。

ベルナデッタの掘《ほ》った泉《いずみ》は、はじめは、ちょろちょろとしか、水《みず》が出《で》ていませんでしたが、しだいに量《りょう》が多《おお》くなり、その日《ひ》の夕方《ゆうがた》には、流《なが》れだして、ガーブ川《がわ》にそそぐようになりました。

この泉《いずみ》が、その後《ご》、どんなふしぎな奇跡《きせき》を起《お》こすか、そのときは、まだだれも知《し》りませんでした。

「ここに教会《きょうかい》を建《た》ててください」

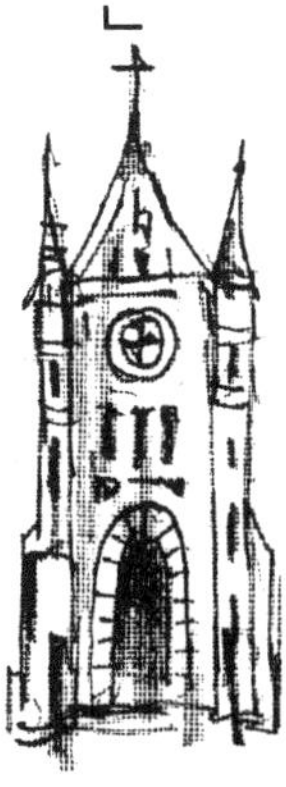

ベルナデッタのおかしなようすに、がっかりしてしまった人《ひと》も大《おお》ぜいいたのですが、それでも、つぎの日《ひ》は、四《し》、五百人《ごひゃくにん》の人《ひと》が、ほら穴《あな》に来《き》ていました。

ベルナデッタは、まずきのうの泉《いずみ》の所《ところ》へ行《い》って、大《おお》きな十字架《じゅうじか》のしるしをしたあと、水《みず》をのみ、顔《かお》を洗《あら》ってから、いつもの所《ところ》にひざまずきました。貴婦人《きふじん》があらわれると、なにかを聞《き》くようにして、頭《あたま》をさげたり、首《くび》をふったりしていましたが、最後《さいご》に深《ふか》くおじぎをすると、うつむいてなみだぐみ、土《つち》にくちびるをつけて、しばらく放《はな》しませんでした。そして、立《た》ちあがると、こんどは人《ひと》びとのほうを向《む》き、同《おな》じように土《つち》にせっぷんするようにと言《い》いました。

これが貴婦人《きふじん》のお言《い》いつけだとわかったので、人《ひと》びとは、ひざまずいて、そのとおりにしました。

あとで、ベルナデッタは、これは罪《つみ》をつぐなうための、一《ひと》つの苦業《くぎょう》（苦《くる》しいことをがまんして、神《かみ》さまにそむいたおわびをすること）だとせつめいしました。

「きょうは、あのかたは、かなしそうなお声《こえ》で、罪《つみ》びとのためにいのりなさい。罪《つみ》びとの罪《つみ》をつぐなうために、苦業《くぎょう》をなさいとおっしゃいました」

「あのかたは、あなたのほうばかり見《み》て、わたしたちのほうは、ぜんぜんごらんにならないのですか？」

ひとりの婦人《ふじん》がききました。

「いいえ、そうではありません。あのかたは、愛《あい》のこもった目《め》で、みなさまをごらんになります。ときには、長《なが》いあいだ会《あ》わなかった友《とも》だちにでも会《あ》うように、なつかしそうなお顔《かお》をなさいます」

と、こたえました。

二月二十七日《にがつにじゅうしちにち》の土曜日《どようび》のことでした。あらわれた貴婦人《きふじん》は、急《きゅう》に話《はなし》をおやめになって、しばらく考《かんが》えたあと、ベルナデッタに、

「この場所《ばしょ》に、教会《きょうかい》を建《た》てるように、神父《しんぷ》さまにつたえなさい」

と、おっしゃいました。

ベルナデッタは、ゆううつになりました。なぜなら、ルルドの教会《きょうかい》のペラマール神父《しんぷ》さまは、ひじょうに体《からだ》が大《おお》きくて、その声《こえ》はあらあらしく、とてもこわいかたに思《おも》えたからです。

でも、貴婦人《きふじん》のお言《い》いつけは、守《まも》らなければなりません。ベルナデッタは、ほら穴《あな》からまっすぐ教会《きょうかい》へ行《い》きました。

神父《しんぷ》さまは、お庭《にわ》で本《ほん》を読《よ》んでいらっしゃいました。

「ちょっと、お話《はな》ししたいことがあるのですが」

ベルナデッタは、おそるおそる言《い》いました。

神父《しんぷ》さまには、すぐそれが、いま、みんながさわいでいるベルナデッタという少《しょう》

女《じょ》だなとわかりました。この事件《じけん》について、神父《しんぷ》さまは、あくまのしわざなのか、この少女《しょうじょ》がへんなのか、それとも、ほんとうに、神《かみ》さまのなさっていることなのか、けんとうがつかないでいました。

なにか証拠《しょうこ》がなければ、教会《きょうかい》はそれをみとめるわけにはいきません。ちょうどよい機会《きかい》なので、神父《しんぷ》さまは、すぐにベルナデッタを自分《じぶん》のへやへつれていきました。

「おまえは、スビルーのむすめの、ベルナデッタかね?」

「はい、そうです」

「おまえについて、いろいろのうわさがひろまっているが、なんの用事《ようじ》で来《き》たんだね?」

神父《しんぷ》さまに、じろりとにらまれて、ベルナデッタはこわくなりましたが、勇気《ゆうき》を出《だ》して言《い》いました。

「わたしは、マッサビエルのほら穴《あな》におあらわれになる貴婦人《きふじん》のおことばをつたえにまいりました。あのかたは、ここに教会《きょうかい》を建《た》てるように、神父《しんぷ》さまにつたえてくれと、おっしゃいました」

「それはいったい、なんのことだ。その貴婦人《きふじん》というのは、だれのことだ?」

「ほら穴《あな》におあらわれになる、とても美《うつく》しいかたのことです」

「そのかたの名《な》まえは? どこのだれなんだ。ルルドの人《ひと》か?」

「いいえ、ルルドの人《ひと》でも、わたしの知《し》っているかたでもありません。お名《な》まえも知《し》りません」

「それでは、おまえは、どこのだれか、名《な》まえも知《し》らない人《ひと》の言《い》うことを聞《き》いて、そのことばをつたえるというのか？」

「神《しん》父《ぷ》さま、でも、そのかたは、ふつうのかたではありません」

「ふつうのかたじゃない？　それに名《な》まえも知《し》らないって？」

「はい、何《なん》回《かい》もおききしたのですが、ただほほえんでいらっしゃるばかりで、おこたえになりません」

神《しん》父《ぷ》さまは、ベルナデッタのはきはきしたこたえ方《かた》を聞《き》きながら、十《じゅう》四《よん》歳《さい》の少《しょう》女《じょ》にしては、たいしたものだと感《かん》心《しん》しながら、いままでのできごとについて、くわしく質《しつ》問《もん》しました。

話《はなし》をするベルナデッタのようすは、人《ひと》をだまそうとか、自《じ》分《ぶん》をとくべつなものに見《み》せようとかいうたいどは、まったくなく、ただほんとうのことを聞《き》いてもらいたいという熱《ねっ》心《しん》さだけが見《み》えました。

神父《しんぷ》さまは、とても心《こころ》をうたれて、このできごとをはっきり神《かみ》さまのなさってい
ることとは言《い》いきれないけれども、ベルナデッタの見《み》たのは、けっして、まぼろし
ではないと思《おも》いました。でも、かんたんに信《しん》じるわけにはいきません。
「よくわかった。それで、その婦人《ふじん》が、ここに教会《きょうかい》を建《た》ててくれと言《い》ったのだね?」
「はい、そうです」
「しかし、たとえおまえの言《い》うのがほんとうでも、名《な》まえもわからない人《ひと》の言《い》うこ
とを信《しん》じて、教会《きょうかい》を建《た》てるなんていうことは、わたしにはできない。もし、ほんと
うに望《のぞ》むなら、自分《じぶん》がだれであるか、はっきり言《い》ってもらいたいと、その人《ひと》に言《い》い
なさい。わたしの言《い》うことがわからないような人《ひと》だったら、そんな人《ひと》のことばにし
たがうことはできないとつたえてくれ」
ベルナデッタは、なにも言《い》わず、ただ神父《しんぷ》さまをみつめると、ていねいにおじぎ
をして、家《いえ》へ帰《かえ》っていきました。

泉《いずみ》のふしぎ

うわさがひろまるにつれて、信《しん》じる人《ひと》も、信《しん》じない人《ひと》もいましたが、マッサビエルのほら穴《あな》の前《まえ》は、いつも人《ひと》でいっぱいでした。

ベルナデッタの掘《ほ》った泉《いずみ》も、大《おお》ぜいの人《ひと》にふみつぶされて、どろぬまのようになってしまったので、なんにんかの人《ひと》びとが、ちゃんと穴《あな》を掘《ほ》りなおし、木《き》の皮《かわ》でかこんで、水《みず》がたまるようにしました。そして、まわりの土《つち》を平《たい》らにならして、歩《ある》きよい道《みち》もつけてくれました。

水《みず》は、すっかりすみきって、こんこんとわいています。

そして、二月二十八日《にがつにじゅうはちにち》の日曜日《にちようび》に、はじめてのふしぎなことが起《お》こったのです。ルルドに、ルイ・ブリエットという石切《いしき》り場《ば》ではたらいている人《ひと》がいました。二《に》

十年《じゅうねん》ばかりまえに、山《やま》で、お兄《にい》さんとふたりで石《いし》を取《と》りだす仕事《しごと》をしていたとき、火薬《かやく》が爆発《ばくはつ》して、お兄《にい》さんは死《し》に、ルイは、岩《いわ》の破片《はへん》で右《みぎ》の目《め》をつぶされてしまいました。長《なが》いあいだ苦《くる》しんで、体《からだ》のきずはようやくなおりましたが、目《め》だけはどんな有名《ゆうめい》なお医者《いしゃ》さまにかかってもなおりませんでした。そのため、仕事《しごと》もできなくなり、貧乏《びんぼう》に苦《くる》しんでいました。

マッサビエルのほら穴《あな》でのうわさについて、ルイはたいへん興味《きょうみ》をもっていましたが、ベルナデッタが、土《つち》を掘《ほ》って、泉《いずみ》がわきだしたという話《はなし》を聞《き》くと、もしかして、その水《みず》にはふしぎな力《ちから》があるのではないかと考《かんが》えはじめました。そうなると、どうしてもためしてみたくてたまらなくなり、ある日《ひ》、むすめに「その水《みず》をびんにくんできておくれ」と、たのみました。

むすめは、ほら穴《あな》へ行《い》きましたが、そのときは人《ひと》びとがふみつぶしたあとだったので、水《みず》にはどろがまじっていました。

——こんなきたない水《みず》でいいのかしら——。

と、思《おも》いながらも、むすめはお父《とう》さんに言《い》われたとおり、びんに水《みず》をくんで帰《かえ》りました。

ルイは、ちょっとおいのりをしてから、思《おも》いきって、その水《みず》で右《みぎ》の目《め》を洗《あら》ってみました。

とたんに、なにかショックを受《う》けたような気《き》がして、右《みぎ》の目《め》が明《あか》るくなりました。

何回《なんかい》か洗《あら》ってから、そうっとあけてみると、なんと、見《み》えるではありませんか。

二十年《にじゅうねん》も見《み》えなかった目《め》が、見《み》えるようになったのです！

ルイは、うれし泣《な》きに泣《な》きました。

彼《かれ》は、すぐにいつもみてもらっているドズー博士《はかせ》という有名《ゆうめい》なお医者《いしゃ》さまの所《ところ》へとんでいき、

「目《め》がなおりました！」

と、さけびました。

「なんだって？　おまえの目《め》は、ぜったいになおるはずがない。わたしのあげてい

た薬《くすり》は、ただ、いたみをとめるだけのもので、どんな薬《くすり》もその目《め》をなおすことはできないよ」ドズー博士《はかせ》は相手《あいて》にしません。

「わたしは、あのマッサビエルの泉《いずみ》で、この目《め》を洗《あら》ったのです！」

「なんだって？　あのベルナデッタの掘《ほ》った泉《いずみ》で？」

ドズー博士《はかせ》は、まえに貴婦人《きふじん》と会《あ》っているベルナデッタの脈《みゃく》をはかったりしてしらべたことのあるお医者《いしゃ》さまでしたから、この話《はなし》は、もしかしたら、ほんとうかもしれないと思《おも》いました。

博士《はかせ》は、さっそく手帳《てちょう》を出《だ》して、こまかい文字《もじ》でなにかを書《か》き、ルイに見《み》せました。

ルイは左目《ひだりめ》を手《て》でおさえ、右目《みぎめ》だけで読《よ》みました。

「〝ルイ・ブリエットの目《め》は、けっしてなおるはずがない〟」

「ほんとに、読《よ》めたのだね！」

博士《はかせ》は、思《おも》わず感激《かんげき》してさけびました。

この奇跡《きせき》の話《はなし》は、たちまち町《まち》じゅうにひろまりました。

そのあと、なんにんかの人《ひと》が、なおるはずのない病気《びょうき》からすくわれましたが、ほんとうに目《め》で見《み》た人《ひと》でなければ、信《しん》じられないふしぎなできごとだったので、たいていの人《ひと》は、つくり話《ばなし》だと思《おも》っていたのです。

「もし、ばらがさいたら……」

三月一日《さんがつついたち》の月曜日《げつようび》、ベルナデッタがほら穴《あな》へ行《い》こうとしているとき、ひとりの婦人《ふじん》が来《き》て、

「貴婦人《きふじん》といっしょにおいのりをなさるとき、わたしのロザリオを使《つか》ってくださいませんか」

と、たのみました。

「いいですとも」

ベルナデッタはこころよく、その人《ひと》のロザリオを受《う》けとりました。

でも、貴婦人《きふじん》は、ベルナデッタのもっているロザリオをごらんになると、すぐに気《き》がついておっしゃいました。

「それは、あなたのロザリオではありませんね」

ベルナデッタは、びっくりして、自分《じぶん》のみすぼらしいほうをとりだして見《み》せました。

「このほうがよろしいのですか？」

貴婦人《きふじん》は、しずかにうなずかれました。声《こえ》が聞《き》こえず、ベルナデッタの動作《どうさ》だけを見《み》ていた人《ひと》びとは、みんなでいっしょにロザリオのおいのりをしましょうという意味《いみ》だと思《おも》い、ひざまずいていのりはじめました。

これからのち、ほら穴《あな》に集《あつ》まる人《ひと》びとは、いつもベルナデッタといっしょにロザリオをとなえるようになりました。

そのなかには、はじめて神父《しんぷ》さまがひとりまじっていました。そのかたはルルドのかたではなかったので、まだベルナデッタの話《はなし》がほんとうかどうかわからないから、神父《しんぷ》さまたちはほら穴《あな》へ行《い》かないようにと、教会《きょうかい》できめられていたのを知《し》らなかったのです。その神父《しんぷ》さまは、貴婦人《きふじん》に会《あ》っているベルナデッタのようすについて、あとでこう話《はな》しています。

「ベルナデッタの笑顔《えがお》は、なんと言《い》っていいかわからないほど美《うつく》しかった。どんなじょうずな絵《え》かき、どんなうまい俳優《はいゆう》でも、その魅力《みりょく》をあらわすことはできないだろう。道《みち》の途中《とちゅう》で会《あ》ったベルナデッタと、貴婦人《きふじん》に会《あ》っているときのベルナデッタとは、あまりにもちがっていた。あの場所《ばしょ》にいたときは、ほんとうにすばらしかった。わたしは、天国《てんごく》の門《もん》の前《まえ》にいるような気《き》がしたのだ」

でも、パリのある新聞《しんぶん》は、このときのようすを、こんなふうに書《か》きたてました。

「けさも、ルルドのうそつきむすめは、二千五百人《にせんごひゃくにん》以上《いじょう》のおろかな人《ひと》たちを集《あつ》めた。この人《ひと》たちのばかさかげんは、まったく話《はなし》にならない。うそつきむすめは、まるで、さるまわしがさるを使《つか》うように、人《ひと》びとにいろいろなまねをさせたが、きょうは、自分《じぶん》が神《かみ》にえらばれた人間《にんげん》であることを知《し》らせようとして、人《ひと》びとにロザリオをとりださせ、神父《しんぷ》のまねをして、祝福《しゅくふく》をあたえた」

たいていの新聞《しんぶん》は、よくしらべもしないで、こんなふうにベルナデッタをばかにした記事《きじ》ばかり書《か》いていたのです。

三月二日《さんがつふつか》、火曜日《かようび》、貴婦人《きふじん》はベルナデッタに、

「ここに教会《きょうかい》を建《た》て、人《ひと》びとが行列《ぎょうれつ》をするように、もう一度《いちど》神父《しんぷ》さまにたのんでください」

と、おっしゃいました。

ベルナデッタは、このまえ同《おな》じ話《はなし》をしに神父《しんぷ》さまの所《ところ》へ行《い》ったとき、だれだかわからなければだめだとことわられたので、また行《い》くのがとてもいやでした。

神父《しんぷ》さまに言《い》われたとおり、何度《なんど》もお名《な》まえをきいたのですが、貴婦人《きふじん》は、まだなにもこたえてくださらないのです。

「また、貴婦人《きふじん》がなにか言《い》ったのかね？」

ベルナデッタが会《あ》いにいくと、神父《しんぷ》さまは、にこりともしないでききました。

「はい、あのかたは、また、ほら穴《あな》の所《ところ》に教会《きょうかい》を建《た》てること、人《ひと》びとが行列《ぎょうれつ》をすることを望《のぞ》んでいますと、神父《しんぷ》さまにつたえなさいとおっしゃいました」

「なに？　おまえは、それが聖母《せいぼ》マリアのおことばだとでも言《い》いたいのか。聖母《せいぼ》マリアなら、わしよりもっと上《うえ》の司教《しきょう》さまでなければ、そんなことはきめられないのをごぞんじのはずじゃないか」

「わたしは、聖母《せいぼ》マリアだとは言《い》っておりません」

「じゃ、だれなんだ？」

「わかりません」

このまえと同《おな》じような言《い》いあらそいになってしまいました。

「わしには、その貴婦人《きふじん》は聖母《せいぼ》マリアのように思《おも》われるが、もしそうなら、その証拠《しょうこ》を見《み》せてくださるように言《い》ってくれ。貴婦人《きふじん》が、人《ひと》びとの前《まえ》で、この季節《きせつ》に岩《いわ》のあたりの野《の》ばらに花《はな》をさかせてくれれば、わしも信《しん》じよう。教会《きょうかい》も、うんとりっぱなのを建《た》てましょうとつたえてくれ」

神父《しんぷ》さまは、にやにやしながらおっしゃいました。

三月三日《さんがつみっか》に、また、貴婦人《きふじん》があらわれたとき、ベルナデッタは、神父《しんぷ》

さまのおっしゃったことをつたえましたが、あのかたは、ただほほえんで、ここに教会《きょうかい》を建《た》ててくれるようにと、くりかえしおっしゃるだけでした。

それを聞《き》くと、ペラマール神父《しんぷ》さまは、

「教会《きょうかい》を建《た》てろと言《い》っても、そのお金《かね》はどうするのかね？　わしは、そんなお金《かね》はもっていない。貴婦人《きふじん》に、お金《かね》を出《だ》してもらいたいとつたえてくれ」

神父《しんぷ》さまは、半分《はんぶん》からかっているのでした。

三月四日《さんがつよっか》の木曜日《もくようび》は、ベルナデッタが貴婦人《きふじん》と約束《やくそく》した十五日間《じゅうごにちかん》の最後《さいご》の日《ひ》でした。きょうこそ、お名《な》まえをおっしゃるのではないか、ばらの花《はな》がさくのではないかと、期待《きたい》した人《ひと》びとが、二万人《にまんにん》も集《あつ》まっていました。

でも、貴婦人《きふじん》はあらわれましたが、ついにお名《な》まえはおっしゃらず、ばらの花《はな》もさかなかったのです。

人《ひと》びとはがっかりしましたが、それでも、帰《かえ》っていくベルナデッタのあとにぞろぞろとついていき、記念《きねん》のために自分《じぶん》のロザリオにさわってくださいと言《い》ったり、お金《かね》をわたそうとしたりしました。でもベルナデッタは、けっしてお金《かね》を受《う》けとったりしませんでした。

お金《かね》もうけのために、おしばいをしているのではないかと考《かんが》えて、人《ひと》びとのあいだにまじってしらべていたおまわりさんにも、そうでないことがはっきりわかりました。

約束《やくそく》の十五日《じゅうごにち》がすぎたら、もうあのかたはあらわれないのでしょうか。あの美《うつく》しい貴婦人《きふじん》は、どなただったのか永久《えいきゅう》にわからないのでしょうか。ベルナデッタは、がっかりしていましたが、貴婦人《きふじん》が「さようなら」とはおっしゃらなかったから、またおめにかかれるにちがいないと思《おも》っていました。

「お名《な》まえを教《おし》えてください」

その日《ひ》から二十日《はつか》あまりもたった三月二十五日《さんがつにじゅうごにち》、聖母《せいぼ》マリアが、大天使《だいてんし》ガブリエルから、キリストのお母《かあ》さまになることをつげられたのをお祝《いわ》いする「おつげの大祝日《だいしゅくじつ》」のことでした。

そのまえの晩《ばん》から「あすは、ほら穴《あな》へ来《き》なさい」というささやきを心《こころ》のなかに聞《き》いていたベルナデッタは、まだ夜《よる》があけないうちから、喜《よろこ》びいさんでほら穴《あな》へいそぎました。

あのかたにまた会《あ》えると思《おも》うと、わくわくするほどうれしいのです。

ほら穴《あな》に着《つ》くと、おどろいたことに、あのかたは、もういつもの所《ところ》に立《た》っていらっしゃるではありませんか。

ベルナデッタは、とんでいってひざまずき、おそくなったおわびをしました。

「あやまらなくて、いいのですよ」

あのかたは、やさしくほほえんでおっしゃいました。

「また、お会《あ》いできて、ほんとうにうれしゅうございます」

ベルナデッタは、愛《あい》にあふれた目《め》をして言《い》いました。

――このかたのお名《な》まえをどうしても知《し》りたい――。ベルナデッタの心《こころ》は、その望《のぞ》みでいっぱいになりました。

「どうぞ、お名《な》まえをお教《おし》えください」

ベルナデッタは、熱心《ねっしん》に言《い》いました。でも貴婦人《きふじん》は、いつものようにほほえまれるばかりで、なにもおっしゃいません。

「どうぞ、おねがいです。お教《おし》えください。わたしのような者《もの》が、こんなことをおねがいするのは、失礼《しつれい》なのですけれど、どうぞ、とくべつのご親切《しんせつ》をもって教《おし》えてくださいませ！」

ベルナデッタが、なみだぐんで心《こころ》からおねがいすると、貴婦人《きふじん》は前《まえ》に組《く》んでいた手《て》をはなして、上《うえ》のほうへのばし、天《てん》をみつめておっしゃいました。

「私《わたくし》は、〃けがれなき、やどり〃です」

「？」

ベルナデッタは、それを聞《き》いても、意味《いみ》がわかりません。

〃けがれなき、やどり〃ってなんでしょうか。神父《しんぷ》さまなら、ごぞんじかもしれません。

ベルナデッタは、いそいで教会《きょうかい》へ行《い》くことにしました。そのことばをわすれてはたいへんなので、

「けがれなき、やどり。けがれなき、やどり」

と、道《みち》を歩《ある》きながら言《い》いつづけていました。

ほかの人《ひと》が話《はな》しかけても、こたえません。うっかりわすれてしまうかもしれないからです。

やっと教会《きょうかい》へ着《つ》くと、ペラマール神父《しんぷ》さまに向《む》かって、いきなり、

「〝私《わたくし》は、けがれなき、やどりです！〟」

と、さけびました。

とつぜんだったので、神父《しんぷ》さまはびっくりしました。

「いったい、なんのことだい？」

「さっき、あのかたがそうおっしゃったのです！　お名《な》まえをきいたら、そうおっしゃったのです！」

ベルナデッタは、息《いき》をはずませて言《い》いました。

「それが、名《な》まえだというのか？　いったい、おまえは、その意味《いみ》がわかっているのか？」

「いいえ、わかりません。ただ、あのかたのおっしゃったままをおぼえてきたのです」

神父《しんぷ》さまは、はじめてベルナデッタの言《い》うことを、心《こころ》から信《しん》じることができまし

た。そして、心《こころ》のなかが、深《ふか》い感動《かんどう》でみたされました。

なぜなら、〝けがれなき、やどり〟とは、聖母《せいぼ》マリアさまのことだったからです。教会《きょうかい》でのお勉強《べんきょう》を、まだじゅうぶんしていないベルナデッタにはわかりませんでしたが、それは、キリストのお母《かあ》さまにえらばれた聖母《せいぼ》マリアは、そのお母《かあ》さまのおなかにいるときから、原罪《げんざい》（最初《さいしょ》の人間《にんげん》であるアダムとエワからつたわってきた、人間《にんげん》みんながもっている罪《つみ》）のけがれから、守《まも》られていた、という意味《いみ》なのです。

そういうおめぐみを受《う》けた人間《にんげん》は、マリアさまだけです。ベルナデッタがお会《あ》いしていた美《うつく》しい貴婦人《きふじん》は、やっぱりほんとうのマリアさまだったのですね。

このことは、また、ベルナデッタがいままで言《い》っていたことが、みなほんとうだったという証明《しょうめい》にもなりました。〝けがれなき、やどり〟ということばをベルナデッタが発明《はつめい》するはずがありませんし、自分《じぶん》の知《し》らないことでうそつくことは、だれにもできませんね。

この話《はなし》は、たちまち人《ひと》びとにつたわりました。みんなは感激《かんげき》して、ほら穴《あな》の前《まえ》に集《あつ》まると、「原罪《げんざい》なくやどられたかた聖《せい》マリア、わたしたちのためにいのってください」と、何度《なんど》も何度《なんど》もおいのりをささげました。

町全体《まちぜんたい》が、こんなおめぐみを受《う》けた喜《よろこ》びにつつまれました。でも、ベルナデッタは、自分《じぶん》だけがマリアさまを見《み》たことをじまんしたりせず、まじめにいつものように、教会《きょうかい》や学校《がっこう》にかよっていました。

四月七日《しがつなのか》、復活祭《ふっかつさい》のあとの火曜日《かようび》に、ベルナデッタは、またほら穴《あな》に行《い》きなさい、という声《こえ》を心《こころ》のなかに聞《き》いたように思《おも》いました。

朝早《あさはや》く行《い》ってみると、もう千人《せんにん》くらいの人《ひと》が集《あつ》まっています。

貴婦人《きふじん》があらわれ、ベルナデッタは、またゆめを見《み》ているような表情《ひょうじょう》になりました。そのとき、

「通《とお》してくれ！」

と、大《おお》きな声《こえ》で言《い》いながら、お医者《いしゃ》さまのドズー博士《はかせ》が、人《ひと》びとをかきわけてやってきました。

「わたしは、科学者《かがくしゃ》として、しらべにきたのだ。ベルナデッタの見《み》える所《ところ》へ行《い》かせてくれ」

人《ひと》びとは、博士《はかせ》を前《まえ》のほうへ行《い》かせてあげました。

そのとき、ふしぎなことが起《お》こりました。

ベルナデッタは、右手《みぎて》に四十《よんじゅっ》センチもある長《なが》いろうそくをもっていたのですが、風《かぜ》が強《つよ》いので、左手《ひだりて》で火《ひ》が消《き》えないようにかこっていました。そのうち、しぜんに、その手《て》がろうそくのほのおの上《うえ》にいき、指《ゆび》のあいだからほのおがもえあがりました。

「あ！　あぶない！」

だれかが、どけようとすると、博士《はかせ》は、

「そのままにして！」

と、言《い》い、指《ゆび》が火《ひ》にあたっている時間《じかん》をはかりました。十五分《じゅうごふん》でした。

そのあいだ、ベルナデッタは、あつそうな顔《かお》もせず、指《ゆび》が火《ひ》にさわっているのも気《き》がつかずにいたのです。

ベルナデッタが、ふつうにもどってから、博士《はかせ》は、さっそくとんでいって左手《ひだりて》をしらべました。

「なんともなっていない！」

博士《はかせ》は、おどろいて言《い》いました。やけどのあとも、ろうそくのけむりの黒《くろ》いあともありません。ためしに、もう一回《いっかい》火《ひ》を近《ちか》づけると、ベルナデッタは、

「あつい！」

と、言《い》って手《て》をひっこめ、

「先生《せんせい》は、わたしの手《て》をやこうとなさるのですか？」

と、さけびました。

このふしぎは、博士《はかせ》だけでなく、そこに集《あつ》まっていた千人《せんにん》あまりの人《ひと》が、はっきりと見《み》たのです。こうして、だんだん信《しん》じる人《ひと》がふえていきました。

でも、この事件《じけん》をめいわくなことだと思《おも》っている県知事《けんちじ》は、ほら穴《あな》でのさわぎが、だんだん大《おお》きくなることをおそれて、ベルナデッタを頭《あたま》のおかしい病人《びょうにん》として、病院《びょういん》に入《い》れてしまおうと考《かんが》えました。そしてなんにんかのお医者《いしゃ》さまにしんさつしてもらいましたが、まったくおかしいところがなく、病院《びょういん》に入《い》れることはできませんでした。

このあいだにも、人《ひと》びとはほら穴《あな》に集《あつ》まり、岩《いわ》の前《まえ》に祭壇《さいだん》をつくって、たくさんのささげ物《もの》をおくようになりました。ろうそくやご像《ぞう》、それにチーズなんかまでおいていく人《ひと》があります。

そして、子《こ》どもたちや婦人《ふじん》たちのなかには、自分《じぶん》もマリアさまを見《み》たと言《い》いだすものが出《で》はじめ、その数《かず》は五十人《ごじゅうにん》にもなりました。

こまった警察《けいさつ》が、ほら穴《あな》の近《ちか》くに人《ひと》びとがはいれないようにさくをつくり、「立入禁止《たちいりきんし》」にしてしまうと、こんどは、それをおこった人《ひと》びとがさくをこわし、また警察《けいさつ》がつくるというさわぎがくりかえされました。

ついに、ルルドの司教《しきょう》さまが、らんぼうなことをしてはいけないと、きびしい命《めい》令《れい》をお出《だ》しになり、やっとほら穴《あな》は、もとのしずけさにもどりました。

ベルナデッタは、人《ひと》びとのさわぎにはくわわらず、ほら穴《あな》へも行《い》かずに学校《がっこう》へかよっていました。

そして、六月三日《ろくがつみっか》には、まえから望《のぞ》んでいたとおり、やっと初聖体《はっせいたい》を受《う》けることができました。

「初聖体《はっせいたい》のときと、マリアさまに会《あ》っていたときと、どっちが幸《しあわ》せ？」

と、きかれたベルナデッタは、

「この二《ふた》つのことはいっしょで、くらべることはできません。両方《りょうほう》とも、とっても幸《しあわ》せでした」

と、こたえました。

七月十六日《しちがつじゅうろくにち》の夕方《ゆうがた》、ベルナデッタが教会《きょうかい》にいると、三《さん》か月《げつ》ぶりに、「ほら穴《あな》へ来《き》なさい」

と、言《い》う声《こえ》を心《こころ》のなかに聞《き》きました。

ベルナデッタは、とびたつほど喜《よろこ》んで、ほら穴《あな》へ走《はし》っていきました。そこは、かこいができていて、はいれないので、ベルナデッタは、川《かわ》の向《む》こう岸《ぎし》へ行《い》ってひざまずきました。それをみつけた人《ひと》びとが大《おお》ぜいやってきて、いっしょにいのりはじめました。

そのうち、ベルナデッタの顔《かお》が、ぱっとかがやいて、

「ああ、マリアさまが、あそこにいらっしゃる！　ほほえみながら、わたしたちを見《み》ていらっしゃいます！」

と、さけびました。

その日《ひ》、マリアさまは、とくべつ深《ふか》い愛情《あいじょう》をもって、ベルナデッタに話《はな》しかけられ、あたりが暗《くら》くなるまで、そこにいらっしゃいました。

「きょうのマリアさまの美《うつく》しかったことといったら、いままで見《み》たことがないほど

でした」

ベルナデッタは、感激《かんげき》して言《い》いましたが、これが地上《ちじょう》でマリアさまを見《み》た最後《さいご》となりました。

おかしなスター

夏《なつ》になると、毎年《まいとし》ルルドには、暑《あつ》さをさけてやってくる人《ひと》びとが多《おお》いのですが、その年《とし》は、マリアさまがあらわれたといううわさを聞《き》いて、マッサビエルのほら穴《あな》を見物《けんぶつ》に来《く》る人《ひと》が、いつもの何倍《なんばい》にもなりました。
フランスはおろか、ヨーロッパの各国《かっこく》からもたずねてくるのです。
えらい人《ひと》たち、有名《ゆうめい》な人《ひと》たちもまじっています。そして、その人《ひと》たちは、みんなベルナデッタに会《あ》って、マリアさまのことをききたがるのです。

ふつうの人《ひと》だったら、こんなとき、自分《じぶん》だけがマリアさまを見《み》たことをじまんに思《おも》って、きっととくいになり、少《すこ》しおおげさにお話《はな》しするかもしれません。でも、ベルナデッタは、けっしてそんなことをしませんでした。いつもたいへんかんたんに、はっきりと、ほんとうのことだけを正確《せいかく》にこたえました。だれがきいても、いつもこたえは同《おな》じでした。そして、信《しん》じないという人《ひと》がいても、

「わたしは、ほんとうに見《み》たことしかお話《はな》ししていません。あなたが信《しん》じたくなければむりに信《しん》じていただかなくてもいいのです」

と、言《い》うのでした。

多《おお》くの人《ひと》たちは、うたがいをもってベルナデッタに近《ちか》づき、そして、信《しん》じるようになって帰《かえ》っていきました。

教会《きょうかい》は、いろいろな専門《せんもん》の学者《がくしゃ》にたのんで、このできごとと、泉《いずみ》の水《みず》についてくわしくしらべてもらい、ついに司教《しきょう》さまが、

「キリストのおん母《はは》、けがれなくやどられた聖《せい》マリアが、ルルドに近《ちか》いマッサビエ

ルのほら穴《あな》において、一八五八年二月十一日《ねんにがつじゅういちにち》から十八回《じゅうはちかい》、ベルナデッタ・スビルーにおあらわれになったことを宣言《せんげん》する。人《ひと》びとが、これを信《しん》じるのは正《ただ》しいことである」

と、発表《はっぴょう》なさいました。

泉《いずみ》の水《みず》に関《かん》しては、ふつうの水《みず》と同《おな》じであり、とくべつに病気《びょうき》をなおすものがはいっていないことがわかり、この泉《いずみ》によって病気《びょうき》がなおったとすれば、それは自然《しぜん》のできごとではなく、神《かみ》さましかおできにならないことだと、発表《はっぴょう》されました。

ベルナデッタは、いまはスターでした。多《おお》くの人《ひと》が会《あ》いたがり、その洋服《ようふく》のはしをもぎとろうとしたり、持《も》ち物《もの》をもらおうとしたり、サインしてもらいたいと言《い》う人《ひと》までいたのです。

ベルナデッタは、それを喜《よろこ》んだでしょうか。いいえ、それどころか、その人気《にんき》をいやがり、できるだけみんなをさけようと、にげまわるおかしなスターだったのです。

ベルナデッタは有名《ゆうめい》になりましたが、スビルー家《け》の生活《せいかつ》は、あいかわらず、まずしく苦《くる》しいものでした。お父《とう》さんも、他人《たにん》にめいわくをかけることがなによりきらいだったので、同情《どうじょう》して助《たす》けてあげるという人《ひと》がいても、みんなことわってしまいますし、そのうえ、訪問客《ほうもんきゃく》が多《おお》いので、その人《ひと》たちをもてなすために、よけいお金《かね》がかかることになったのです。

ベルナデッタは、毎日《まいにち》いそがしくはたらいていました。家《いえ》では、台所仕事《だいどころしごと》やおそうじを手伝《てつだ》い、妹《いもうと》たちのめんどうを見《み》、よその家《いえ》へ子守《こも》りに行《い》ったりしました。これが、マリアさまを見《み》たとくべつな少女《しょうじょ》だとは、だれにも思《おも》えませんでした。毎日《まいにち》、学校《がっこう》へ行《い》かれないので、先生《せんせい》の家《いえ》へ勉強《べんきょう》に行《い》かなければならず、また、大《おお》ぜいのお客《きゃく》さまの質問《しつもん》にこたえるのもたいへんでした。

ペラマール神父《しんぷ》さまは、そんなベルナデッタの体《からだ》を心配《しんぱい》して、シスターたちのやっているルルドの病院《びょういん》で、はたらかせることにしました。

ベルナデッタは、

「お父《とう》さんやお母《かあ》さんが大《だい》すきだから、はなれたくありません」と、言《い》ったのですが、いつでも家《いえ》に帰《かえ》ることができると聞《き》いて、やっと承知《しょうち》しました。

そこでは、静《しず》かにおいのりしたり、マリアさまのことを考《かんが》えたりできるだろうと、楽《たの》しみにしていたベルナデッタは、行《い》ってみてがっかりしました。なぜなら、そこへもたくさんの訪問客《ほうもんきゃく》が押《お》しよせてきたからです。

ひとりのシスターは、

「応接間《おうせつま》に、お客《きゃく》が三十人《さんじゅうにん》、四十人《よんじゅうにん》と来《き》ていたとき、ドアの前《まえ》でベルナデッタが、なみだを流《なが》していたことがありました。わたしが〝さあ、勇気《ゆうき》を出《だ》してはいりましょうね〟と言《い》うと、彼女《かのじょ》はなみだをふいて、中《なか》へはいっていきました」

と、言《い》っています。

死《し》にそうなくらい、苦《くる》しいせきが出《で》ていたときも、

「人《ひと》の訪問《ほうもん》を受《う》けるよりは、いまのほうが楽《らく》です」

と、言《い》ったほどでした。

苦《くる》しいことは、ほかにもありました。それは、ベルナデッタが十六歳《じゅうろくさい》という年《とし》のわりには体《からだ》が小《ちい》さく、勉強《べんきょう》もおくれていたために、シスターや友《とも》だちがばかにしたり、いやな仕事《しごと》をおしつけたりすることでした。でも、ベルナデッタは、いつも陽《よう》気《き》で、ほがらかでした。

庭《にわ》にきれいないちごがあるのをみつけると、友《とも》だちに、

「わたしが、この窓《まど》からくつを下《した》に投《な》げるから、あなたは、それをとりにいったふりをして、ついでにいちごをとっていらっしゃいよ」

と、すすめたり、せきをとめるために使《つか》う薬《くすり》を、クラスのお友《とも》だちにすわせたので、みんながつぎつぎとくしゃみをはじめて、クラスじゅう、わらいがとまらなくなったこともありました。

ベルナデッタがいると、いつもそこにはわらいがあって、楽《たの》しいふんいきにつつまれるのでした。

一八六二年《ねん》、四月三十日《しがつさんじゅうにち》のことでした。

ベルナデッタは、いつものぜんそくが悪《わる》くなって、たいへん重《おも》い肺炎《はいえん》になりました。お医者《いしゃ》さまは、もうなおらないだろうと言《い》い、両親《りょうしん》もよばれました。

神父《しんぷ》さまが、病者《びょうしゃ》の塗油《とゆ》（洗礼《せんれい》を受《う》けた人《ひと》が、病気《びょうき》の重《おも》いときに教会《きょうかい》からさずけられる心《こころ》と体《からだ》の助《たす》け）をさずけ、最後《さいご》の聖体拝領《せいたいはいりょう》（パンの形《かたち》のなかにいらっしゃる、キリストさまをいただくこと）をさせようとなさいましたが、せきがひどくてできません。

そこで、神父《しんぷ》さまは、ご聖体《せいたい》を小《ちい》さく割《わ》り、ルルドのほら穴《あな》の泉《いずみ》からとってきた水《みず》といっしょにのませました。

すると、ふしぎなことに、ベルナデッタの呼吸《こきゅう》が急《きゅう》に楽《らく》になり、

「なおったわ！」

と、言《い》ったのです。

その夜《よる》のうちに、きけんな症状《しょうじょう》が、みななくなって、つぎの日《ひ》には、応接間《おうせつま》でお

医者《いしゃ》さまに会《あ》うほどでした。お医者《いしゃ》さまは、自分《じぶん》の薬《くすり》がきいたのだろうと思《おも》いましたが、ベルナデッタは、その薬《くすり》をのんでいませんでしたし、あっというまになおったのは、ルルドのマリアさまのおかげにちがいありません。でも、それからのち、何《なん》度《ど》も重《おも》い病気《びょうき》にかかったベルナデッタが、ルルドの水《みず》でなおったのは、このとき一回《いっかい》だけだったということです。

一八六三年《ねん》の夏《なつ》、彫刻家《ちょうこくか》のフアビッシュという人《ひと》が、ルルドのほら穴《あな》におくマリアさまのご像《ぞう》をつくるため、ベルナデッタに会《あ》いにやってきました。ほら穴《あな》にあらわれたマリアさまそっくりのものを、つくりたかったからです。

彼《かれ》は、ベルナデッタに、マリアさまの体《からだ》の形《かたち》とか、手《て》の位置《いち》など、くわしくききました。

そして、秋《あき》には、かりにつくく

ったものを、ペラマール神父《しんぷ》に送《おく》ってきました。

ベルナデッタはそれを見《み》て、

「このマリアさまのお顔《かお》には、若《わか》さとほほえみが足《た》りません。手《て》の指《ゆび》や、足《あし》の位置《いち》もちがいます。お体《からだ》も、もっとまっすぐ立《た》っていらっしゃり、こんなに頭《あたま》をあげていらっしゃいません」

と言《い》うように、ひとつひとつ反対《はんたい》しました。

本物《ほんもの》のご像《ぞう》ができてきたときも、彫刻家《ちょうこくか》ががっかりするといけないので、

「りっぱなご像《ぞう》です」

と、言《い》いましたが、あとで、

「やっぱりほら穴《あな》のマリアさまは、こんなではなかったわ」

と、言《い》ったそうです。

ベルナデッタの見《み》たマリアさまは、あまりに美《うつく》しくて、とてもとても人間《にんげん》が、同《おな》じようにつくれるものではなかったのです。

2

サン・ジルタール修道院《しゅうどういん》

キリストの花嫁《はなよめ》

ある日《ひ》のこと、司教《しきょう》さまがベルナデッタのはたらいている病院《びょういん》をおたずねになりこの病院《びょういん》にいつまでもとどまっていることはできないから、シスターになって、修《しゅう》道院《どういん》にはいるつもりはないかとおききになりました。

「わたしは体《からだ》が弱《よわ》く、なにも知《し》らず、なにもできません」

ベルナデッタが言《い》いました。

「さっき台所《だいどころ》で見《み》ましたが、あなたはにんじんの皮《かわ》くらいはむけますね？」

司教《しきょう》さまがわらって言《い》いました。

「まあ！　わたしにも、そのくらいはできます」

ベルナデッタは、くすくすわらいました。そのときは、まだ決心《けっしん》がついていませんでしたが、一年《いちねん》たつころには、体《からだ》も元気《げんき》になり、修道院《しゅうどういん》にはいろうという気持《きも》ちが、だんだん強《つよ》くなっていきました。

一八六六年《ねん》五月《ごがつ》二十一日《にじゅういちにち》に、マリアさまのお望《のぞ》みどおりに、ルルドのほら穴《あな》のそばに、りっぱな地下聖堂《ちかせいどう》が建《た》てられ、そのお祝《いわ》いの式《しき》がありました。

ベルナデッタも、いとこといっしょに出席《しゅっせき》しましたが、白《しろ》い服《ふく》を着《き》て、天使《てんし》のようにかわいらしく見《み》えました。

その後《ご》、一八八九年《ねん》までに、二《ふた》つの大《おお》きな聖堂《せいどう》が、同《おな》じ所《ところ》に建《た》てられて、世界《せかい》じゅうから、たくさんの人《ひと》びとが行列《ぎょうれつ》をつくっておまいりするようになりましたが、この日《ひ》のお祝《いわ》いは、その最初《さいしょ》の一歩《いっぽ》だったのです。

ベルナデッタは、マリアさまとのお約束《やくそく》をはたしました。もうルルドにいる必要《ひつよう》はありません。なつかしいルルドの町《まち》、わすれられないほら穴《あな》、ガーブ川《がわ》の流《なが》れ、そしてお父《とう》さん、お母《かあ》さん……。それらみんなと別《わか》れて、ベルナデッタは、ヌヴェールという町《まち》にある、サン・ジルタール修道院《しゅうどういん》へはいるために出発《しゅっぱつ》しました。

そのまえの日《ひ》、最後《さいご》のお別《わか》れに、病院《びょういん》のシスターといっしょに、マッサビエルのほら穴《あな》へ行《い》きました。マリアさまにお会《あ》いしたなつかしい場所《ばしょ》に近《ちか》づくと、ベルナデッタは、なみだをうかべながら、ほら穴《あな》の岩《いわ》に何度《なんど》もお別《わか》れのせっぷんをしました。もう来《こ》られないかもしれないと思《おも》うと、そこをはなれるのがほんとうにつらくて、シスターが、「もう、帰《かえ》りましょう」

と言《い》っても、なかなか立《た》ちあがりませんでした。

「ベルナデッタ、そんなにかなしんではいけませんよ。マリアさまは、ここだけじゃなく、どこにでもいらして、あなたのお母《かあ》さまとして、守《まも》ってくださるのですよ」

シスターが、やさしく言《い》いました。

「はい、わかっています。でも、このほら穴《あな》はわたしの天国《てんごく》でしたもの」

ベルナデッタは、そう言《い》って、マリアさまのご像《ぞう》をいつまでも見《み》あげていました。


一八六六年《ねん》七月《しちがつ》四日《よっか》、ベルナデッタは、はじめて汽車《きしゃ》に乗《の》り、なつかしいルルドをはなれました。家族《かぞく》やお友《とも》だちが、泣《な》いて駅《えき》まで見送《みおく》りました。

ヌヴェールは、ロアール川《がわ》という川《かわ》の近《ちか》くにあり、白《しろ》い牛《うし》やひつじのむれが遊《あそ》び、ゆたかな畑《はたけ》が一面《いちめん》にひろがっている、とても静《しず》かな町《まち》です。おかの上《うえ》の大《おお》きな建物《たてもの》、それがベルナデッタが、これからはいるヌヴェール愛徳修道会《あいとくしゅうどうかい》の本部《ほんぶ》、サン・ジルタール修道院《しゅうどういん》でした。

七月七日《しちがつなのか》の夜《よる》おそく、ベルナデッタは、そこへ着《つ》きました。すぐベッドに案内《あんない》されましたが、なかなかねむれませんでした。

別《わか》れてきた家族《かぞく》や、マッサビエルのほら穴《あな》がこいしくて、しくしく泣《な》いてしまったのです。

翌日《よくじつ》は修練長《しゅうれんちょう》さま（修道生活《しゅうどうせいかつ》のはじめの期間《きかん》に指導《しどう》にあたる人《ひと》）が、修道院《しゅうどういん》のなかのシスターたちの前《まえ》で、ほら穴《あな》でのできごとをくわしく話《はな》すようにと、おっしゃいました。

ベルナデッタは、まき拾《ひろ》いに行《い》って、はじめてマリアさまを見《み》たときのことから、くわしくお話《はなし》をしました。マリアさまがなさったと同《おな》じように合《あ》わせていた両手《りょうて》を開《ひら》き、ほほえみをうかべて、

「〝私《わたくし》は、けがれなき、やどり〟です」

と言《い》ったときには、聞《き》いているシスターたちは、みな感激《かんげき》して、ベルナデッタの清《きよ》らかな表情《ひょうじょう》をみつめていました。

話《はなし》が終《お》わると、修練長《しゅうれんちょう》さまは、きょうからあとは、このお話《はなし》をしてはいけません。ほかのシスターたちも、このことについてベルナデッタにきいてはいけません、とおっしゃいました。

そして、ベルナデッタが、マリアさまを見《み》たからといって、とくべつにちやほやされることのないように、ほかの人《ひと》に対《たい》するより、もっときびしくなさるのでした。

はじめのうち、ベルナデッタは、ときどきルルドがこいしくなって泣《な》きましたが、修道院《しゅうどういん》の庭《にわ》のおくに「水《みず》の聖母《せいぼ》マリア」とよばれるマリアさまのご像《ぞう》をみつけ、さびしくなると、そこでおいのりして元気《げんき》を出《だ》しました。

そのマリアさまは、ゆめを見《み》るようなやさしいほほえみをうかべ、ほら穴《あな》のマリアさまによくにていたのです。

七月二十九日《しちがつにじゅうくにち》、本部修道院《ほんぶしゅうどういん》へ来《き》てから三週間《さんしゅうかん》めに、ベルナデッタは、シスターたちと同《おな》じ洋服《ようふく》とベールをいただき、名《な》まえもシスター・マリー・ベルナールと、よばれることになりました。ふつうの生活《せいかつ》からはなれて、ベルナデッタは、修道院《しゅうどういん》にはいり、キリストさまの花嫁《はなよめ》になったのです。

苦《くる》しみ

この修道院《しゅうどういん》のなかで、ベルナデッタは苦《くる》しいことをがまんして、マリアさまが言《い》われた、

「罪《つみ》びとのためにいのり、かわりに罪《つみ》のつぐないをしなさい」

と言《い》うおことばを実行《じっこう》しました。

「あなたに、この世《よ》での幸《しあわ》せは約束《やくそく》しない」とおっしゃったマリアさまのおことばは、ほんとうになりました。なぜなら修道院《しゅうどういん》にはいってからのベルナデッタは、いつも病気《びょうき》の苦《くる》しみとたたかわなければならなかったからです。

子《こ》どものときからの、ぜんそくの病気《びょうき》がひどくなり、病室《びょうしつ》にはいらなければなら

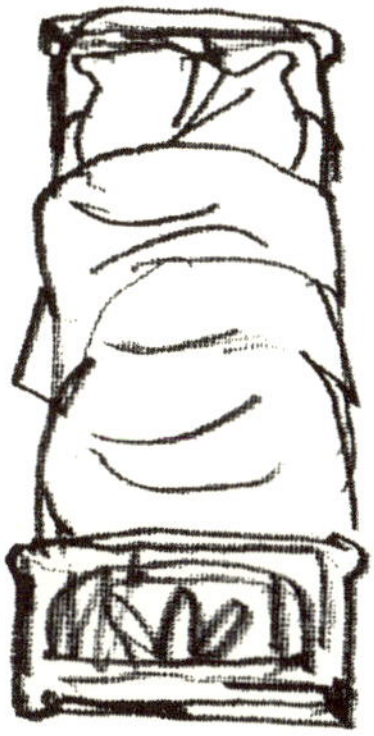

なくなりました。ときどき、苦《くる》しくて息《いき》がとまりそうになるのですが、がまんづよいベルナデッタは、

「たいしたことはありません」

と、言《い》って、かえって夜《よ》どおし看病《かんびょう》してくれるシスターが、ねむれないのではないかと心配《しんぱい》しました。

にがい薬《くすり》ほど、にこにこと喜《よろこ》んでのむようにしていました。

「苦《くる》しいでしょう？」

と、言《い》うと、

「神《かみ》さまが送《おく》ってくださるものですから、わたしは喜《よろこ》んで受《う》けなければなりません」

と、言《い》いました。

あまりにも苦《くる》しいときは、口《くち》もきけず、じっとベッドの横《よこ》の十字架《じゅうじか》をみつめているだけでしたが、少《すこ》しでもぐあいがよくなると、わらったり、じょうだんを言《い》ったりしていました。

三《さん》か月《げつ》ほどたった十月二十五日《じゅうがつにじゅうごにち》には、病気《びょうき》がたいへん悪《わる》くなり、お医者《いしゃ》さまは、

「今晩《こんばん》あたり、だめでしょう」

と、おっしゃいました。

夜《よる》、司教《しきょう》さまがおいでになったときは、息《いき》がつまり、血《ち》もいっぱいはいて、苦《くる》しそうでした。

司教《しきょう》さまは、ほんとうなら何年《なんねん》もたってからする誓願《せいがん》（神《かみ》さまに一生《いっしょう》をささげる誓《ちか》い）を、とくべつにいま、させることにしました。

「ベルナデッタ、あなたは、もうすぐ神《かみ》さまの所《ところ》へ行《い》くかもしれない。だから、わたしはいま、あなたの誓願《せいがん》を受《う》けにきたのですよ」

「ああ、司教《しきょう》さま。わたしには誓願《せいがん》の文《ぶん》を読《よ》む力《ちから》がありません」

ベルナデッタは、よわよわしい声《こえ》で言《い》いました。

「それは、かまわない。わたしがかわりに読《よ》んであげるから、あなたは、ただうなずくだけでいいのだよ」

ベルナデッタは、こうして、ほんとうに神《かみ》さまとむすばれたのです。

司教《しきょう》さまは、もうこの世《よ》でベルナデッタと会《あ》うことはできないだろうと思《おも》いながら、へやを出《で》ました。しかし、その夜中《よなか》、ベルナデッタは、体《からだ》がよくなったのを感《かん》じました。そして、そばについていたシスターに、

「今晩《こんばん》、わたしは死《し》にませんよ」

と、わらって言《い》いました。

「まあ、ずるい、今晩《こんばん》死《し》なないとわかっていながら、司教《しきょう》さまをこんな夜中《よなか》におよびして、誓願《せいがん》までしてしまったなんて、ほんとに、いけない人《ひと》！」

シスターは、ベルナデッタをしかりましたが、でも、わざとだましたのではありません。ベルナデッタは、あとで、

「神《かみ》さまのそばまで行《い》ったのに〝さあ、お帰《かえ》り。まだ早《はや》すぎますよ〟と言《い》って、追《お》い返《かえ》されてしまったのよ。わたしが悪《わる》い子《こ》だから、まだ天国《てんごく》には入《い》れてくださらないのね」

と、言《い》いました。

ベルナデッタは、まだまだこの世《よ》で、つらいことをがまんしなければならなかったのです。

そのすぐあとに、ルルドで別《わか》れたきりのお母《かあ》さんがなくなったという、知《し》らせがとどきました。ベルナデッタは、お母《かあ》さんが病気《びょうき》だったことも知《し》らなかったので、ショックで気《き》を失《うしな》ってしまいました。貧乏《びんぼう》の苦《くる》しみと、九人《きゅうにん》の子《こ》どもを育《そだ》てたつかれ、そしてなによりも、愛《あい》していたベルナデッタと別《わか》れたかなしみがもとで、お母《かあ》さんは、四十一歳《よんじゅういっさい》でなくなってしまったのです。

訪問客《ほうもんきゃく》

このような苦《くる》しみのほかに、ベルナデッタにとってつらかったのは、こんなかく

れた修道院《しゅうどういん》にまで、多《おお》くの人《ひと》びとが、ベルナデッタを見《み》にやってくることでした。

マリアさまを見《み》たという少女《しょうじょ》は、いったいどんな人《ひと》なのだろうという好奇心《こうきしん》で来《く》る人《ひと》、ベルナデッタからなにか記念《きねん》になるものをもらおうと思《おも》う人《ひと》、ほら穴《あな》での話《はなし》をくわしく聞《き》いて、本《ほん》を書《か》こうとする人《ひと》など、いろいろでした。

ベルナデッタが、いちばんいやだったのは、自分《じぶん》がとくべつなえらい人間《にんげん》としてあつかわれることでした。

「わたしが、学問《がくもん》もなく、ちっともりっぱでない人間《にんげん》だったから、マリアさまはおえらびになったのです」

と、ベルナデッタは、いつも言《い》っていました。そして、それらの訪問客《ほうもんきゃく》からにげる方法《ほうほう》をいろいろと考《かんが》えだしました。

ある日《ひ》、お客《きゃく》さまが来《き》て、聖堂《せいどう》のそばでベルナデッタに会《あ》い、知《し》らずに声《こえ》をかけました。

「あの、ベルナデッタさまにおめにかかりたいのですが、よんできていただけます

か？」

ベルナデッタは、「はい」とこたえて歩《ある》いていき、それきり出《で》てきませんでした。

また、あるときは、ベルナデッタをさがしていたお客《きゃく》さまが、同《おな》じように、本人《ほんにん》とは知《し》らずにききました。

「あのかたは、いったいどんなかたですか？」

「あら、ベルナデッタさんは、ほかの人《ひと》とちっともかわりませんよ」

ベルナデッタは、すましてこたえ、向《む》こうへ行《い》ってしまいました。

あとで、ほかのシスターに会《あ》ったそのお客《きゃく》さまは、

「ベルナデッタさんに会《あ》わせてくれませんか」

と、たのみました。

「まあ、あなたが、さっき話《はな》していたのが、そうですよ」

お客《きゃく》さまは、ぽかんとしてしまいました。

マリアさまを見《み》た、とくべ

つな人《ひと》ということで、たいていの人《ひと》は、見《み》たところもりっぱな、いかにも聖人《せいじん》のような人《ひと》を想像《そうぞう》してしまうらしく、小柄《こがら》で、まだ少女《しょうじょ》のようなベルナデッタを見《み》ると、みんなびっくりしてしまうのです。

新《あたら》しく修道院《しゅうどういん》へやってきた若《わか》いシスターもそうでした。どの人《ひと》がベルナデッタかとさがすのですが、それらしい人《ひと》はいません。

とうとうひとりのシスターにききますと、すぐ近《ちか》くにいた、小《ちい》さな人《ひと》を指《ゆび》さしてこたえました。

「あら、ベルナデッタなら、ここにいますよ」

若《わか》いシスターは、がっかりして、思《おも》わず言《い》ってしまいました。

「なあんだ。こんな人《ひと》?」

ベルナデッタは、少《すこ》しもおこらずに、

「そうよ、こんな人《ひと》なのよ」

と、言《い》ってわらいました。

ふたりは、それから、すっかりなかよしになりました。

やさしい看護師《かんごし》さん

少《すこ》し体《からだ》のよくなったベルナデッタは、病室《びょうしつ》の看護師《かんごし》の手伝《てつだ》いをしてはたらくことになりました。自分《じぶん》も体《からだ》がじょうぶではなかったのですが、病人《びょうにん》にたいしては、非《ひ》常《じょう》にやさしく、親切《しんせつ》にめんどうをみたので、ほかのシスターたちは、

「ベルナデッタに看病《かんびょう》してもらえるのは、病人《びょうにん》にとって、大《おお》きな喜《よろこ》びでした」

と、言《い》っていました。

ベルナデッタは、たいへんやさしかっただけでなく、病人《びょうにん》に、お医者《いしゃ》さまの言《い》うことや、きめられたことを正《ただ》しく守《まも》らせるのが、とてもじょうずでした。じっとねていなければならないシスターが、おいのりの本《ほん》を読《よ》んでいるのをみつけると、

「おいのりの本《ほん》を見《み》るより、いまは、それをがまんするほうがだいじよ」

と言《い》って、とりあげてしまいますし、ゆるしをもらわずに、起《お》きてごミサに行《い》ってしまった病人《びょうにん》もしかられました。

病室《びょうしつ》では、早《はや》く病気《びょうき》をなおすようにつとめるのが、いちばん神《かみ》さまをお喜《よろこ》ばせするということを、ベルナデッタは、よく知《し》っていて、そのためのきまりをきびしく守《まも》らせたのです。

学問《がくもん》もあまりなく、なにもできないいなかむすめと思《おも》われていたベルナデッタに、これほど人《ひと》びとに言《い》うことをきかせる力《ちから》と、かしこさがあったことを知《し》って、ほかのシスターたちはおどろきました。また、ベルナデッタには、ユーモアがあり、病人《びょうにん》にあったことばをかけるのがじょうずなので、病室《びょうしつ》のなかは、いつも楽《たの》しいふんいきでした。花《はな》に太陽《たいよう》の光《ひかり》が必要《ひつよう》であるように、病人《びょうにん》には明《あか》るいふんいきが必要《ひつよう》なのを、よく知《し》っていたので、いつもおもしろい話《はなし》をして、病人《びょうにん》を喜《よろこ》ばせていたのです。

一八七一年《ねん》の三月《さんがつ》には、ベルナデッタが、家族《かぞく》じゅうでもっとも愛《あい》していた、お父《とう》さんのフランソワがなくなりました。

その日《ひ》、ひとりのシスターが病室《びょうしつ》をのぞくと、ベルナデッタは、ストーブのそばに身《み》をよせて泣《な》いていました。

明《あか》るくふるまっていたけれど、かなしいこともたくさんあったのです。

ルルドのペラマール神父《しんぷ》さまも、やがてなくなり、もう帰《かえ》ることのできない、なつかしい町《まち》のこと、マッサビエルのほら穴《あな》の思《おも》い出《で》は、苦《くる》しんでいるとき、いっそう思《おも》い出《だ》されて、ベルナデッタをかなしませました。

友《とも》だちのシスターは、木立《こだち》のあいだをそよ風《かぜ》がふきぬけたとき、そばにいたベルナデッタが思《おも》わず、

「ああ！　あの、ルルドのポプラ並木《なみき》！」

と、ため息《いき》をついたのを聞《き》いたそうです。でも、ある人《ひと》が、

「ルルドへ行《い》きたいと思《おも》いますか？」

と、きいたとき、ベルナデッタはわらいながら言《い》いました。

「もし、わたしが気球《ききゅう》にでも乗《の》って、だれにも知《し》られずに、ほら穴《あな》まで行《い》き、ひとりでおいのりができるなら、喜《よろこ》んで行《い》きますけれど、大《おお》ぜいの人《ひと》のなかへはいっていくのはいやなので、ここにいるほうがいいのです。ルルドは、すっかり変《か》わってしまったし、マリアさまにまたお会《あ》いするのは、天国《てんごく》へ行《い》くまで待《ま》ちましょう。それはたぶん、もっと美《うつく》しいでしょう」

ベルナデッタは、自然《しぜん》のままのほら穴《あな》がすきだったのです。

一八七四年《ねん》、ベルナデッタは、病室係《びょうしつがかり》から香部屋《こうべや》（聖堂《せいどう》のそばにあって、ミサのしたくなどするへや）の係《かか》りに変《か》わりました。それは、ベルナデッタの病気《びょうき》が、ほかの病人《びょうにん》にうつるといけないからという理由《りゆう》でした。

自分《じぶん》のあとに看護師《かんごし》になった若《わか》いシスターに、ベルナデッタは言《い》いました。

「病人《びょうにん》の世話《せわ》をするときは、その人《ひと》をイエスさまだと思《おも》ってなさいね。病人《びょうにん》がきたなければきたないほど、その人《ひと》を愛《あい》さなければなりません。それから病人《びょうにん》がお礼《れい》を言《い》わないうちに、帰《かえ》ってくるようになさい。病人《びょうにん》のお世話《せわ》ができるというだけで、じゅうぶん幸《しあわ》せなのですから」

十字架《じゅうじか》

それからのベルナデッタは、体《からだ》のほうもだんだん弱《よわ》って、自分《じぶん》が病室《びょうしつ》のベッドに

ねなければならなくなりました。

そんなときでも、できるだけ朝起《あさお》きて、聖堂《せいどう》へ行《い》くようにつとめました。あまりつらくて、ベッドへ帰《かえ》りたいと思《おも》ったときには、イエスさまは、どんなにおつかれになっていても、十字架《じゅうじか》をせおって山《やま》の頂上《ちょうじょう》までいらっしゃったことを考《かんが》えてがまんしました。でも、ひどいせきの発作《ほっさ》があるときは、横《よこ》になっていられないほど、息《いき》が苦《くる》しく、

「わたしの胸《むね》を、切《き》りひらいてください！」

と、思《おも》わずさけぶほどでしたが、たいていは、ひとりでだまってがまんしていたために、ほかの人《ひと》は、あまり気《き》がつきませんでした。

病人《びょうにん》のベルナデッタには、もう看護師《かんごし》の仕事《しごと》はできませんでしたが、いつも自分《じぶん》のことより、他人《たにん》のことを気《き》にして、役《やく》に立《た》ちたいと思《おも》っていました。

ほかの病人《びょうにん》のために、ベールのたたみ方《かた》を教《おし》えてあげたり、なやんでいるシスターたちの、相談相手《そうだんあいて》になってあげたりしていました。でも、とくべつになにもしな

くても、苦《くる》しいことを不平《ふへい》を言《い》わず、がまんしているようすは、それだけで、みんなのよいお手本《てほん》になりました。

「あなたは、ここで、おいのりしない人《ひと》のかわりに、おいのりをするお仕事《しごと》をなさっているのですね」

と、ひとりのシスターが言《い》うと、

「そうですね。わたしにできるのは、これだけしかありません。いのることと、苦《くる》しむこと以外《いがい》、なんにもできないのです」

と、言《い》いました。

苦《くる》しむことによって、世《よ》のなかの罪《つみ》びとのかわりに、神《かみ》さまにつぐないをおささげすることができるのです。

これは、ベルナデッタと、ほら穴《あな》のマリアさまとのお約束《やくそく》でした。

病気《びょうき》は、だんだんに進《すす》み、一八七七年《ねん》の冬《ふゆ》には、ひざにはれものができました。

ひざは、うんではれあがり、少《すこ》しでも動《うご》かすと、体《からだ》じゅうにひびくほど、いたむのです。

まえからの病気《びょうき》で、たえずひどいせきが出《で》るので、そのたびに、ずきんずきんとひざにひびき、その苦《くる》しみのために、死《し》んだような顔《かお》になるほどでした。

夜《よる》、そばについていたシスターは言《い》っています。

「あの、苦《くる》しみに強《つよ》いベルナデッタが、負《ま》けるほどのいたみでした。わたしを起《お》こさないようにと、がまんして、うめき声《ごえ》を口《くち》のなかでかみころしているのがわかりましたが、それでも、思《おも》わずさけび声《こえ》をあげるほどでした」

それでも、朝《あさ》になると、ひとことも苦《くる》しみについての不平《ふへい》は言《い》わず、ついていてくれたシスターを、その黒《くろ》くて美《うつく》しい目《め》で、じっとみつめ、

「おやすみになれなかったのでしょう。ごめんなさいね」

と、あやまるのでした。

シスターは、ベルナデッタが心配《しんぱい》するので、自分《じぶん》がねむっているように見《み》せかけ

ようと、じっと動《うご》かずにいるのですが、わかってしまい、ベルナデッタは、

「もっとよくねむれるシスターに来《き》てほしい」

と、言《い》うのでした。

「神《かみ》さまが、あなたを楽《らく》にしてくださるよう、いのりましょうね」

と、言《い》うと、ベルナデッタは、

「いいえ、楽《らく》になることでなく、苦《くる》しみにたえられる力《ちから》をおあたえくださるよう、おいのりしてください」

と、言《い》いました。


体《からだ》の苦《くる》しみばかりでなく、心《こころ》に受《う》ける苦《くる》しみもたくさんありました。

マリアさまを見《み》たというベルナデッタが、それをじまんすることのないように、修練長《しゅうれんちょう》さまは、とくべつきびしいたいどをなさいましたが、もともと、生《う》まれも育《そだ》ちもたいへんちがったふたりだったために、最後《さいご》まで、あまり親《した》しくはなれません

でした。

修練長《しゅうれんちょう》さまは「マリアさまが、地上《ちじょう》のどこかにあらわれたいとお思《おも》いになったら、どうして学問《がくもん》のある、徳《とく》の高《たか》いシスターのかわりに、なんのとりえもない、いなかむすめをおえらびになったのでしょう」と、いつも思《おも》っていましたし、少《すこ》しルルドのできごとを、うたがってもいられたようです。

ベルナデッタが、病気《びょうき》のためにベッドにねていると、

「こんな所《ところ》で、またあなたはなまけているのね！」

と、しかられます。

これは、体《からだ》の苦《くる》しさのために、心《こころ》もきずつきやすくなっている病人《びょうにん》には、とてもつらいことでした。ちくちくと、はりでさされるようなつらさに、ベルナデッタは、だまってたえていましたが、それを知《し》っていたほかのシスターたちは、心《こころ》のなかでは同情《どうじょう》しながらも、えらい修練長《しゅうれんちょう》さまに反対《はんたい》することもできず、

――ああ、わたしはベルナデッタでなくてよかったわ――。

と、心《こころ》のなかで思《おも》うだけでした。

これらの心《こころ》の苦《くる》しみは、体《からだ》の苦《くる》しみとともに、ベルナデッタをますます神《かみ》さまに近《ちか》づけ、その心《こころ》を清《きよ》めていきました。


一八七九年三月二十八日《ねんさんがつにじゅうはちにち》、ベルナデッタの死《し》が近《ちか》づいてきたように思《おも》われたので、神父《しんぷ》さまは病者《びょうしゃ》の塗油《とゆ》を受《う》けるようすすめました。まえにも、何回《なんかい》か死《し》にそうになって受《う》けたことがありましたが、ベルナデッタは、

「これを受《う》けると、わたしはいつもなおるのです」

と言《い》って、受《う》けたくないような口《くち》ぶりでした。もう、少《すこ》しでも早《はや》く天国《てんごく》へ行《い》きたいと思《おも》ったのでしょう。

それを受《う》けたあとは、へやにいらっしゃった修練長《しゅうれんちょう》さまに向《む》かって、

「わたしが、あなたにいろいろご心配《しんぱい》をおかけし、規則《きそく》にそむきましたことをおゆるしください。また愛《あい》するシスターがたに、悪《わる》いお手本《てほん》になったことをゆるしてく

ださい」

と、しっかりした声《こえ》で言《い》いました。

体《からだ》は、すっかり病気《びょうき》におかされていましたが、それにも負《ま》けず、いきいきとかがやいていた体《からだ》のたった一《ひと》つの部分《ぶぶん》は目《め》でした。

「ベルナデッタの目《め》は、いつもすんでいて、とくに、十字架《じゅうじかか》をながめているとき、わたしたちは、たいへん心《こころ》をうたれました。体《からだ》が、だんだん弱《よわ》っていくと同時《どうじ》に、目《め》の表情《ひょうじょう》は、ますます深《ふか》いものになりました」

と、ほかのシスターは言《い》いました。

四月十三日《しがつじゅうさんにち》は、復活祭《ふっかつさい》（キリストさまが、なくなってから三日《みっか》めによみがえられたお祝《いわ》い日《び》）でしたが、そのつぎの日《ひ》、なかよしのシスター・ベルナール・ダリアスが見舞《みま》いにきました。

このシスターは、はじめてベルナデッタを見《み》たとき、「なあんだ、こんな人《ひと》？」と、言《い》った人《ひと》です。

かべに顔《かお》を向《む》けてねていたベルナデッタは、シスターが近《ちか》づくと、子《こ》どもっぽい、いたずらな顔《かお》をして、かた目《め》をあけ、

「ベルナール、さようなら。こんどこそお別《わか》れよ」

と、言《い》いました。これが十二年間《じゅうにねんかん》つづいた、やさしい友情《ゆうじょう》の、最後《さいご》のお別《わか》れのことばになりました。

四月十六日《しがつじゅうろくにち》の水曜日《すいようび》、ベルナデッタは、長《なが》いすにすわったまま、息《いき》が苦《くる》しくなり、人《ひと》びとは、そばでおいのりをしていました。

ベルナデッタは、ときどき、ぱっちり目《め》をあけて、そばのかべにかかっている十字架《じゅうじか》を愛《あい》をこめてみつめていました。

その表情《ひょうじょう》は、なんとも言《い》えず、美《うつく》しいものでした。

「あなたは、イエズスさまと同《おな》じように、十字架《じゅうじか》にかけられているのですね」

と、神父《しんぷ》さまが言《い》いました。

ベルナデッタは、両手《りょうて》で十字架《じゅうじか》をもって、強《つよ》くにぎり、胸《むね》の上《うえ》におきました。
そばにいたシスターが、ひもをもってきて、その十字架《じゅうじか》をむすびつけました。
苦《くる》しみのあまり動《うご》いても、それが落《お》ちないためです。

午後三時《ごごさんじ》ごろ、ベルナデッタはそばにいたシスターに、

「わたしのためにいのってください。どうぞ、わたしのためにいのって！」

と言《い》い、そのおいのりにあわせて、はっきりした声《こえ》で、

「神《かみ》のおん母《はは》、聖《せい》マリア、いまも臨終《りんじゅう》のときもいのってください」

と、言《い》いました。

それから、マリアさまに教《おそ》わった、美《うつく》しい十字架《じゅうじか》のしるしをすると、ちょっと看《かん》護師《ごし》のシスターによりかかり、静《しず》かに息《いき》がたえました。

一八七九年《ねん》、四月十六日《しがつじゅうろくにち》、ベルナデッタはまだ三十五歳《さんじゅうごさい》の若《わか》さでした。

聖人《せいじん》

マリアさまにとくべつにえらばれ、一生《いっしょう》けんめいよい人間《にんげん》であるように努力《どりょく》した

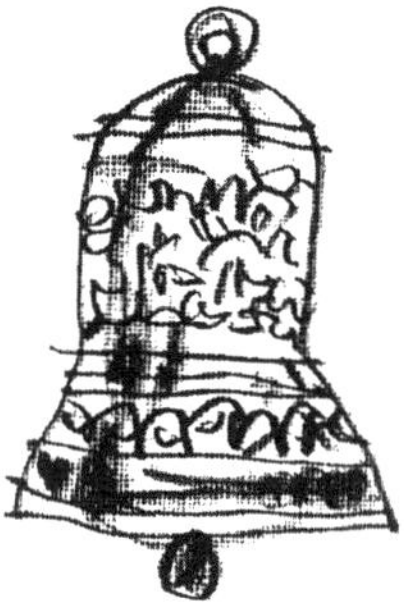

ベルナデッタが、どうして、こんなに苦《くる》しまなければならなかったのでしょうか。

わたしたちも、よく言《い》うことがありますね。

「あの人《ひと》は、あんなによい人《ひと》なのに、どうして、あんなに苦《くる》しいめにばかりあうのだろう」と。

それは、神《かみ》さまのばちがあたったのでしょうか。なにか、生《う》まれるまえに悪《わる》いことでもして、いまになって、そのばつを受《う》けているのでしょうか。もしそうだったら、キリストさまはどうなのでしょう。一《ひと》つも罪《つみ》やけがれのない、神《かみ》の子《こ》であるキリストさまが、あんな苦《くる》しみをお受《う》けになったのは、おかしいではありませんか。キリストさまは、ご自分《じぶん》には罪《つみ》が少《すこ》しもないのに、人間《にんげん》がおかすたくさんの罪《つみ》を、かわりにつぐなってくださったのです。

それは、たとえばこういうことです。

ある所《ところ》に、とても悪《わる》いむすこがいて、大《おお》きな罪《つみ》をおかしました。そのお母《かあ》さんは、非常《ひじょう》にその子《こ》を愛《あい》していたので、むすこが死刑《しけい》になるのはとてもつらくてがまんで

きません。そこで、

「この子《こ》の受《う》けるばつは、わたしが受《う》けます。わたしをむすこのかわりに死刑《しけい》にしてください、そして、この子《こ》はゆるしてやってください」

と、たのみました。

もし、こんなお母《かあ》さんがいたら、どうでしょう。その愛情《あいじょう》は、ふつうでは考《かんが》えられないほど、大《おお》きいものです。ふつうなら、その子《こ》が悪《わる》いことをしたのですから、その子《こ》がばつを受《う》けるのは、あたりまえです。お母《かあ》さんはかなしむでしょうが、かわりに死刑《しけい》にまでなる人《ひと》はいないでしょう。

でも、キリストさまは、それをなさったのです。わたしたち人間《にんげん》のために、かわりに死刑《しけい》になって、神《かみ》さまにおゆるしをねがってくださったのです。人間《にんげん》のおかす罪《つみ》は、刑務所《けいむしょ》に入《い》れられるような罪《つみ》ばかりではありません。わたしたちだって、毎日《まいにち》なにかしら、神《かみ》さまにしかられるようなことをしているのです。ですから、キリストさまは、わたしたち人間《にんげん》みんなのために苦《くる》しまれたのです。ご自分《じぶん》は少《すこ》しも悪《わる》

くないのに、かわりに死刑《しけい》になってくださったのです。

ベルナデッタはそのキリストさまの愛《あい》が、よくわかっていました。そして自分《じぶん》も、キリストさまのように苦《くる》しんで、自分自身《じぶんじしん》の罪《つみ》と、またほかの罪《つみ》びとのために、つぐないをしようと思《おも》っていたのです。

キリストさまも、マリアさまも、ベルナデッタがそうすることをお望《のぞ》みになりました。マリアさまは、「罪《つみ》びとのためにいのって、つぐないをしなさい」と、おっしゃいましたね。だから生《い》きているあいだ、ベルナデッタはつぎからつぎと病気《びょうき》にかかったり、先《せん》ぱいのシスターから不親切《ふしんせつ》なあつかいを受《う》けたりして、苦《くる》しい年月《としつき》をすごしました。でもけっして不平《ふへい》を言《い》わず、いつも人《ひと》に知《し》られないようにがまんしていたのです。マリアさまは、ほら穴《あな》で、「この世《よ》では、幸《しあわ》せにしてあげられないが、天国《てんごく》で、幸《しあわ》せにしてあげましょう」と、お約束《やくそく》になりましたね。

この世《よ》での苦《くる》しみが多《おお》ければ多《おお》いだけ、天国《てんごく》での幸《しあわ》せは、よけい大《おお》きなものになるにちがいありません。

まるで、そのことを証明《しょうめい》するかのように、ベルナデッタの遺体《いたい》は、病気《びょうき》でいためられていたにもかかわらず、ふしぎなことに、なくなってから美《うつく》しさをとりもどしました。

修練長《しゅうれんちょう》さまの秘書《ひしょ》をしていたシスターは、つぎのように書《か》き残《のこ》しています。

「わたしたちは、彼女《かのじょ》の体《からだ》が、花《はな》のようにさきかえるのを見《み》ました。顔《かお》から、苦《くる》しみのあとが消《き》え去《さ》っただけでなく、見苦《みぐる》しいやつれまで、消《き》えてしまいました。顔《かお》はやさしく、あざやかでしたし、そばで見《み》ていた人《ひと》は、いつまでも見《み》ていたいと思《おも》いました。三日間《みっかかん》、手足《てあし》はやわらかく、手《て》は自然《しぜん》の色《いろ》で、指先《ゆびさき》は血《ち》がかよっているように、うすいばら色《いろ》でした」

司教《しきょう》さまはなくなったベルナデッタの体《からだ》を、聖堂《せいどう》において、人《ひと》びとがお別《わか》れできるようにしようと思《おも》いました。

手《て》に十字架《じゅうじか》をにぎり、頭《あたま》に白《しろ》いばらのかんむりをかぶせられたベルナデッタの遺《い》体《たい》は、三日間《みっかかん》、聖堂《せいどう》におかれました。

「生《い》きているベルナデッタを見《み》ることができなかったから、せめてなくなったあのかたを見《み》たい」

大雨《おおあめ》にもかかわらず、数《かぞ》えきれないほどの人《ひと》びとがつめかけ、どんなに長《なが》く待《ま》たされても、聖堂《せいどう》にはいりたがりました。

人《ひと》びとはみな、ベルナデッタが神《かみ》さまにとくべつえらばれた聖人《せいじん》であることをうたがわず、自分《じぶん》のロザリオとか、メダイをその体《からだ》にふれようとしたので、四《し》、五人《ごにん》のシスターが整理《せいり》にあたらなければなりませんでした。

ベルナデッタは、長《なが》い病気《びょうき》のために、体《からだ》はすっかりやせおとろえていましたが、遺体《いたい》は天使《てんし》のような安《やす》らかさと、美《うつく》しさをたもっていました。三日間《みっかかん》、聖堂《せいどう》におかれているあいだも、体《からだ》はやわらかく、顔色《かおいろ》も自然《しぜん》な色《いろ》をしていました。

四月十九日《しがつじゅうくにち》に、司教《しきょう》さまによって、盛大《せいだい》なお葬式《そうしき》が行《おこな》われました。

雨《あめ》は、すっかりあがって、空《そら》にかがやく太陽《たいよう》は、庭《にわ》の木々《きぎ》を照《て》らし、多《おお》くの人《ひと》びとが長《なが》い行列《ぎょうれつ》をつくって集《あつ》まりました。

ベルナデッタの遺体《いたい》は、修道院《しゅうどういん》の庭《にわ》のまん中《なか》にある聖堂《せいどう》に安置《あんち》されていました。シスターたちは感激《かんげき》のうちに、マリアさまをたたえる聖歌《せいか》をうたい、人《ひと》びとも、それに心《こころ》をあわせました。

ベルナデッタは、もう天国《てんごく》から、それを聞《き》いていたことでしょう。

式《しき》のあと、遺体《いたい》は聖堂《せいどう》の中央《ちゅうおう》のゆかにほうむられました。その後《ご》、多《おお》くの人《ひと》びとが、そのお墓《はか》におまいりして、いろいろなことをおねがいしました。ふしぎなことに、たくさんのねがいごとが聞《き》きとどけられ、ベルナデッタは聖人《せいじん》だったという評《ひょう》判《ばん》は高《たか》まるばかりでした。

そこで正式《せいしき》に、ベルナデッタを聖人《せいじん》の位《くらい》にあげるための調査《ちょうさ》がはじめられました。生《う》まれてからなくなるまでの、ベルナデッタの生活《せいかつ》のすべてがしらべられました。

そして、なくなってから約三十年後《やくさんじゅうねんご》の一九〇九年《ねん》九月《くがつ》二十二日《にじゅうににち》、ベルナデッタの遺体《いたい》をしらべるため、お墓《はか》があけられたのです。すると、おどろいたことに、その体《からだ》はぜんぜんくさっていないで、ほうむられたときのままのすがただったのです。着《き》ていた服《ふく》も、そのときのままで、顔《かお》や手《て》の、おもてにあらわれたところは青白《あおじろ》く、つやがなかったけれど、くちびるは、やや赤味《あかみ》がありました。

シスターたちは、その体《からだ》を棺《かん》から出《だ》して、きれいにし、新《あたら》しい服《ふく》を着《き》せて、また棺《かん》におさめました。

そのあいだ、お医者《いしゃ》さまが、その体《からだ》をしらべましたが、ひふはまだだん力《りょく》があって、死《し》んで数時間《すうじかん》たったときの状態《じょうたい》と同《おな》じでした。

このような奇跡《きせき》は神《かみ》さまが、「ベルナデッタは聖人《せいじん》でしたよ」と、おっしゃっている証拠《しょうこ》になります。

一九三三年十二月八日《ねんじゅうにがつようか》、マリアさまの「けがれなき、おんやどり」のお祝《いわ》い日《び》に、そのときの教皇《きょうこう》さまのピオ十一世《じゅういっせい》は、ベルナデッタを聖人《せいじん》ときめました。

ベルナデッタが生《い》きていれば、八十九歳《はちじゅうきゅうさい》になるはずでした。

ベルナデッタの遺体《いたい》は、そのあと、ガラスばりの棺《かん》のなかに入《い》れられて、修道院《しゅうどういん》の聖堂《せいどう》の入《い》り口《ぐち》のそばにある祭壇《さいだん》の下《した》におかれて、ねむっています。天使《てんし》が起《お》こしにくるのを、ただねむって待《ま》っているように見《み》えます。

ベルナデッタが聖人《せいじん》となり、いまでも尊敬《そんけい》され、愛《あい》される理由《りゆう》は、なんでしょうか。

マリアさまが、ベルナデッタにだけおすがたをお見《み》せになるというおめぐみを、いただいたからでしょうか。

奇跡《きせき》の泉《いずみ》を掘《ほ》りだしたからでしょうか。

そうではありません。

修道院《しゅうどういん》にはいってからは、マリアさまは一度《いちど》もおすがたをお見《み》せになりませんでしたし、ほら穴《あな》であったように、天国《てんごく》にいるような喜《よろこ》びを感《かん》じたこともありません。

ベルナデッタは、つぎからつぎへとおそってくる病気《びょうき》の苦《くる》しみや、自分《じぶん》をよく思《おも》っていない人《ひと》のつらいしうちなどを、不平《ふへい》を言《い》わずにがまんし、キリストさまのお苦《くる》しみにならって、ただ一心《いっしん》に、自分《じぶん》も十字架《じゅうじか》の道《みち》を歩《ある》いたのです。

世《よ》のなかで、りっぱな仕事《しごと》をしたわけでもなく、すばらしい本《ほん》を残《のこ》したわけでもない、ただのまずしいいなかむすめは、こうして聖人《せいじん》になりました。マッサビエルのことがなかったとしても、ベルナデッタは、聖人《せいじん》になったでしょう。神《かみ》さまだけがごぞんじの、かくれた聖人《せいじん》になったと思《おも》います。

神《かみ》さまは、けんそんな人《ひと》がおすきです。

マリアさまをおつかわしになるのに、有名《ゆうめい》な、えらい人《ひと》でなく、まずしい、学問《がくもん》もない十四歳《じゅうよんさい》の少女《しょうじょ》をおえらびになりました。

ベルナデッタも、おいのりのなかで言《い》っています。

「愛《あい》するマリアさま。あなたは世《よ》のなかの、もっとも弱《よわ》い者《もの》をおつかいになってくださったのです」と。

神《かみ》さまは、ときどきこういうことをなさいます。それは神《かみ》さまが子《こ》どものような心《こころ》を、とても愛《あい》されるからです。人間《にんげん》の世界《せかい》では、地位《ちい》の高《たか》い人《ひと》、お金持《かねも》ちの人《ひと》、頭《あたま》のよい人《ひと》、有名《ゆうめい》な人《ひと》などが、尊敬《そんけい》されたり、大切《たいせつ》にされたりしますが、神《かみ》さまの目《め》から見《み》ると、かならずしもそうではありません。もちろん、この世《よ》のなかでえらい人《ひと》で、しかも神《かみ》さまの目《め》から見《み》てもりっぱな人《ひと》もいます。でもベルナデッタのように、世《よ》のなかの人《ひと》から見《み》れば、えらくもなく、とくべつ勉強《べんきょう》もできたわけでもない、平凡《へいぼん》な女《おんな》の子《こ》が、聖人《せいじん》になることもあるのです。

いまは天国《てんごく》で、いつもマリアさまのおそばにいるベルナデッタに、わたしたちも神《かみ》さまに愛《あい》される人《ひと》になれるよう、おいのりいたしましょう。

3 奇《き》跡《せき》の泉《いずみ》

さて、ベルナデッタはなくなりましたが、あのルルドの泉《いずみ》は、どうなったでしょうか。マリアさまが、出《で》ていらっしゃらなくなって、水《みず》はとまってしまったのでしょうか。

いいえ、そうではありません。

あのとき、ベルナデッタが、マリアさまのおっしゃるとおり、どろから掘《ほ》りだした泉《いずみ》は、そのあともどんどんたえまなく流《なが》れだし、おどろいたことに、百年以上《ひゃくねんいじょう》もすぎたいまでも、まだわきつづけているのです。

そればかりではなく、その水《みず》につかって、病気《びょうき》をなおしてもらおうと、数《かぞ》えきれないほどの病人《びょうにん》が、全世界《ぜんせかい》から特別列車《とくべつれっしゃ》に乗《の》って、ルルドへやってきます。そして、とうていなおるはずのない病人《びょうにん》が、一瞬《いっしゅん》でなおってしまうようなふしぎなできごとが、いままでに数百件《すうひゃっけん》もありました。

これは、ただのうわさや伝説《でんせつ》ではありません。なぜなら、科学《かがく》では考《かんが》えられない事実《じじつ》をしらべるために、「ルルド国際医学協会《こくさいいがくきょうかい》」というものがつくられ、カトリック教会《きょうかい》からはまったくはなれて、ふしぎな治癒《ちゆ》（病気《びょうき》やけががなおること）についての、科学的研究《かがくてきけんきゅう》が行《おこな》われているのです。現在《げんざい》、この協会《きょうかい》にぞくしている国《くに》は、三《さん》十《じゅっ》か国《こく》、会員《かいいん》は五千名《ごせんめい》をこえています。そして、会員《かいいん》のなかには、キリスト教《きょう》、ユダヤ教《きょう》、イスラム教《きょう》、仏教《ぶっきょう》などの信者《しんじゃ》もふくまれ、また神《かみ》さまをまったく信《しん》じない人《ひと》もずいぶんいます。

一九四七年《ねん》には、もっとも近代的《きんだいてき》な治療《ちりょう》の設備《せつび》が整《ととの》えられ、病院《びょういん》としても、患者《かんじゃ》の治療《ちりょう》にあたっています。そしてルルドへは、見学《けんがく》のためや、ふしぎな治癒《ちゆ》についての研究《けんきゅう》をするために、一年《いちねん》に千五百人《せんごひゃくにん》か、二千人《にせんにん》のお医者《いしゃ》さまたちがおとずれます。

一《ひと》つの治癒《ちゆ》が、「奇跡《きせき》」ときめられるまでには、いろいろな調査《ちょうさ》が必要《ひつよう》です。まず医務局《いむきょく》は、ある異常治癒《いじょうちゆ》（ふつうでないなおり方《かた》）が起《お》こったとき、その患《かん》者《じゃ》が病気《びょうき》になった年月日《ねんがっぴ》、病状《びょうじょう》、治療方法《ちりょうほうほう》、経過《けいか》、なおった年月日《ねんがっぴ》、そのときのようす、そのあとの体《からだ》の状態《じょうたい》などについて、くわしくしらべ、そのなおり方《かた》が自然《しぜん》なものではない、という証明書《しょうめいしょ》をそえて、パリにある国家医学委員会《こっかいがくいいんかい》というところへ出《だ》します。

そこでまた、調査《ちょうさ》が行《おこな》われて、異常治癒《いじょうちゆ》がたしかめられます。でも、これで「奇跡《きせき》」となるわけではありません。奇跡《きせき》ときめられるためには、カトリック教会《きょうかい》が、ローマ教皇《きょうこう》ベネディクト十四世《じゅうよんせい》のきめた、「奇跡《きせき》とするためのきまり」にあうかどうか、きびしい調査《ちょうさ》をして、たしかにこれが、神《かみ》さまによってなされたことであると思《おも》われたとき、はじめて、「奇跡《きせき》」と発表《はっぴょう》するのです。ですから、お医者《いしゃ》さまたちが、異常治癒《いじょうちゆ》だと証明《しょうめい》したものでも、教会《きょうかい》が、「奇跡《きせき》」としないものもたくさんあり、いままでに、異常治癒《いじょうちゆ》とされたものは、数百《すうひゃく》ありましたが、教会《きょうかい》が「奇跡《きせき》」としたものは、わずかに六十《ろくじゅう》くらいといわれています。それだけきびしくきめられているのですから、ただのうわさや、伝説《でんせつ》でないことはたしかですね。

では、どんななおり方《かた》をしたものが、「奇跡《きせき》」とされるのでしょうか。

教皇《きょうこう》さまのおきめになった「きまり」によると、その病気《びょうき》がまったくなおるみこみのない、むずかしい病気《びょうき》であること、これをなおす方法《ほうほう》が、もうまったくないこと、そして、そのなおり方《かた》がとつぜんで、あっというまであり、一時的《いちじてき》になおったのでなく、完全《かんぜん》ななおり方《かた》であることなど、きびしいきまりにあっていなければなりません。

ここに一《ひと》つの例《れい》をお話《はな》ししましょう。

マリー・ベイリーという少女《しょうじょ》は、結核性腹膜炎《けっかくせいふくまくえん》という病気《びょうき》にかかっていて、もうすぐ死《し》ぬかもしれないほど弱《よわ》っていました。

途中《とちゅう》で死《し》ぬおそれもあるほどでしたが、マリーの強《つよ》い望《のぞ》みで、ねたまま汽車《きしゃ》でルルドへつれていかれました。

この少女《しょうじょ》を診察《しんさつ》したお医者《いしゃ》さまは、

「彼女《かのじょ》が、無事《ぶじ》に家《いえ》へ帰《かえ》りつけたら、それだけでも奇跡《きせき》だよ」

と、おっしゃいました。

マリーの顔《かお》は、青《あお》くやせおとろえていて、その腕《うで》はだらりと両《りょう》わきにたれ、おなかは大《おお》きくふくれていて、息《いき》はとても苦《くる》しそうでした。

手足《てあし》も、もう冷《つめ》たくて、いまにも死《し》にそうです。泉《いずみ》のそばへつれていくのさえあぶないと思《おも》われるほどでしたが、病人《びょうにん》の最後《さいご》の望《のぞ》みです。お医者《いしゃ》さまがいっしょについて、泉《いずみ》へつれていくことにしました。

「もし、この少女《しょうじょ》がなおったら、ぼくはなんでも信《しん》じるよ」

と、そのお医者《いしゃ》さまは言《い》いました。

マリーは、あまりにも弱《よわ》っていたので、水《みず》のなかへ入《い》れることはできず、つきそっていた看護師《かんごし》さんが、少《すこ》しおなかにその水《みず》をかけただけで、ほら穴《あな》の前《まえ》へもどってきました。

そこでは、大《おお》ぜいの病人《びょうにん》が、熱心《ねっしん》にマリアさまにおいのりしていました。そのとき、マリーを見《み》ていたお医者《いしゃ》さまは、目《め》をみはりました。

マリーの顔《かお》から、苦《くる》しそうな表情《ひょうじょう》が消《き》えて、顔色《かおいろ》がよくなったように見《み》えたのです。お医者《いしゃ》さまは、いそいでそばへ行《い》き、脈《みゃく》をはかりました。まえほど早《はや》くないようです。どきどきするのをおさえながら、お医者《いしゃ》さまは、マリーをじっとみつめました。

いままで、あんなにどんよりしていた目《め》が、ほら穴《あな》のほうを向《む》いて、大《おお》きくみはられ、うっとりとした表情《ひょうじょう》をしています。

とつぜん、お医者《いしゃ》さまは、おどろきで血《ち》の気《け》がひいていくような気《き》がしました。なぜなら、マリーのふくれていたおなかの上《うえ》にかけた毛布《もうふ》が、だんだん平《たい》らになっていくではありませんか。お医者《いしゃ》さまは、自分《じぶん》の頭《あたま》がへんになったような気《き》がして、おそるおそるマリーにききました。

「気分《きぶん》はどう？」

「とてもよくなったようです。なんだか、病気《びょうき》がなおったような気《き》がします」

その後《ご》、病室《びょうしつ》に帰《かえ》ったマリーはベッドに起《お》きあがり、やせていることをのぞいては、まったく元気《げんき》になってしまったのです。

なんにんかのお医者《いしゃ》さまが、くわしく診察《しんさつ》しましたが、だれもが、マリーが完全《かんぜん》

になおっているとみとめました。

これは科学《かがく》だけでは考《かんが》えられないことでした。神《かみ》さましかおできにならない方法《ほうほう》で、マリーはなおったのです。

このとき、マリーのなおるのを目《め》の前《まえ》に見《み》ていたお医者《いしゃ》さまは、一九一二年《ねん》に、ノーベル生理学《せいりがく》・医学賞《いがくしょう》を受《う》け、『人間《にんげん》、この未知《みち》なるもの』という本《ほん》を書《か》いた、世界的《せかいてき》に有名《ゆうめい》な、科学者《かがくしゃ》アレキシス・カレル博士《はかせ》というかただったのです。

いちじ、神《かみ》さまを信《しん》じなかった博士《はかせ》は、このことがあってから、熱心《ねっしん》なカトリック信者《しんじゃ》にもどり、医学的《いがくてき》なかずかずのすばらしいお仕事《しごと》をのこして、一九四四年《ねん》になくなりました。

ルルドのすばらしさは、そこで病気《びょうき》のなおらなかった人《ひと》も、けっして望《のぞ》みを失《うしな》ってしまわず、生《い》きる勇気《ゆうき》をあたえられるということです。そして、神《かみ》さまからはなれていた人《ひと》たちが、ここへおまいりすることによって、神《かみ》さまを信《しん》じるようになる例《れい》は、数《かぞ》えきれないということです。

科学《かがく》は、自然《しぜん》の法則《ほうそく》にしたがわない、ふしぎなできごとが起《お》こると、それをなかなかみとめようとしません。でも、それが、ただ異常《いじょう》だとか、科学《かがく》で説明《せつめい》できないという理由《りゆう》だけで、インチキであるときめるのは、まちがっています。なぜなら、自然《しぜん》の法則《ほうそく》をつくったのが神《かみ》さまなら、その法則《ほうそく》を少《すこ》しかえることも、神《かみ》さまにはおできになるはずです。

あなたが、自分《じぶん》でくふうしてつくった物《もの》なら、あなたは、そのしくみを自由《じゆう》にかえることもできますね。

奇跡《きせき》とは、神《かみ》さまがご自分《じぶん》のおつくりになった法則《ほうそく》を少《すこ》しおかえになったとき、起《お》こるのです。

こういう、目《め》に見《み》えることをとおして、神《かみ》さまは、ときどき人間《にんげん》にご自分《じぶん》の愛《あい》といつくしみをおしめしになることがあります。

神《かみ》さまが、マリアさまをベルナデッタにおつかわしになり、そのお望《のぞ》みによって掘《ほ》られた泉《いずみ》は、こうしていまも、人《ひと》びとにふしぎなおめぐみをあたえつづけているのです。

でも、ベルナデッタ自身《じしん》は、その泉《いずみ》で苦《くる》しみからのがれようとはせず、マリアさまのおことばにしたがって、「いのりとつぐない」の一生《いっしょう》を送《おく》りました。

わたしたちも、ベルナデッタにならって、おいのりをわすれず、苦《くる》しいことも、不平《ふへい》を言《い》わずにがまんすれば、やがて天国《てんごく》に行《い》ったとき、あの白《しろ》い服《ふく》に青《あお》い帯《おび》をした美《うつく》しいマリアさまが、ほほえみながら、わたしたちをむかえてくださることでしょう。

参考にした本

『聖女ベルナデッタ』 プティト著／I・ミルサン、小出ふさ共訳 ドン・ボスコ社
『ベルナデッタ』 ルネ・ローランタン著／ミルサン、五十嵐茂雄共訳 ドン・ボスコ社
『聖ベルナデット』 アンドレ・ラヴィエ 文／ヘルムート・ニイルス・ルーゼ エンデルレ書店
『ルルドへの旅』 アレキシス・カレル著／稲垣良典訳 エンデルレ書店
『ベルナデッタとルルド』 ミシェル・ド・センピエール著 中央出版社
『ルルドの出来事』 志村辰弥著 中央出版社

文を書いた人

坂牧 俊子《さかまきとしこ》

東京に生まれる。2015年 帰天。

聖心女子大学在学中に受洗。霊名ベルナデッタ。

一男二女の母。

作品に『クララ』『末っ子先生』『五郎神父の日記』『五郎神父のかけだし日記』『純からの贈物』『カオリの日本留学記』（女子パウロ会）『魅力の人』『魅力の人II』（自費出版）がある。

絵を書いた人

矢車　涼《やぐるまりょう》

岩手県花巻に生まれる。

洋画家。日本美術家連盟会員。童美連会員。

1955年ころより出版美術の世界に入る。

童画、ティーン・エイジャー向きイラストが主である。

作品に『イエススくんのたんじょう日』、『ふしぎな十字架』（女子パウロ会）、『でしゃばりっこ』（旺文社）、『せまき門』（岩波書店）、『なぞかけよめさま』（ポプラ社）など多数ある。

マリアさまを見た少女　ベルナデッタ

文　坂牧　俊子　　絵　矢車　涼

発行所　女子パウロ会

代表者　松岡陽子

107-0052　東京都港区赤坂 8 丁目12－42

電話（03）3479-3943　FAX（03）3479-3944

webサイト　http://www.pauline.or.jp

印刷所　株式会社 平河工業社

初版発行　1982年 5 月22日

改訂初版　2019年10月10日

ISBN978-4-7896-0811-4 C8023 NDC289

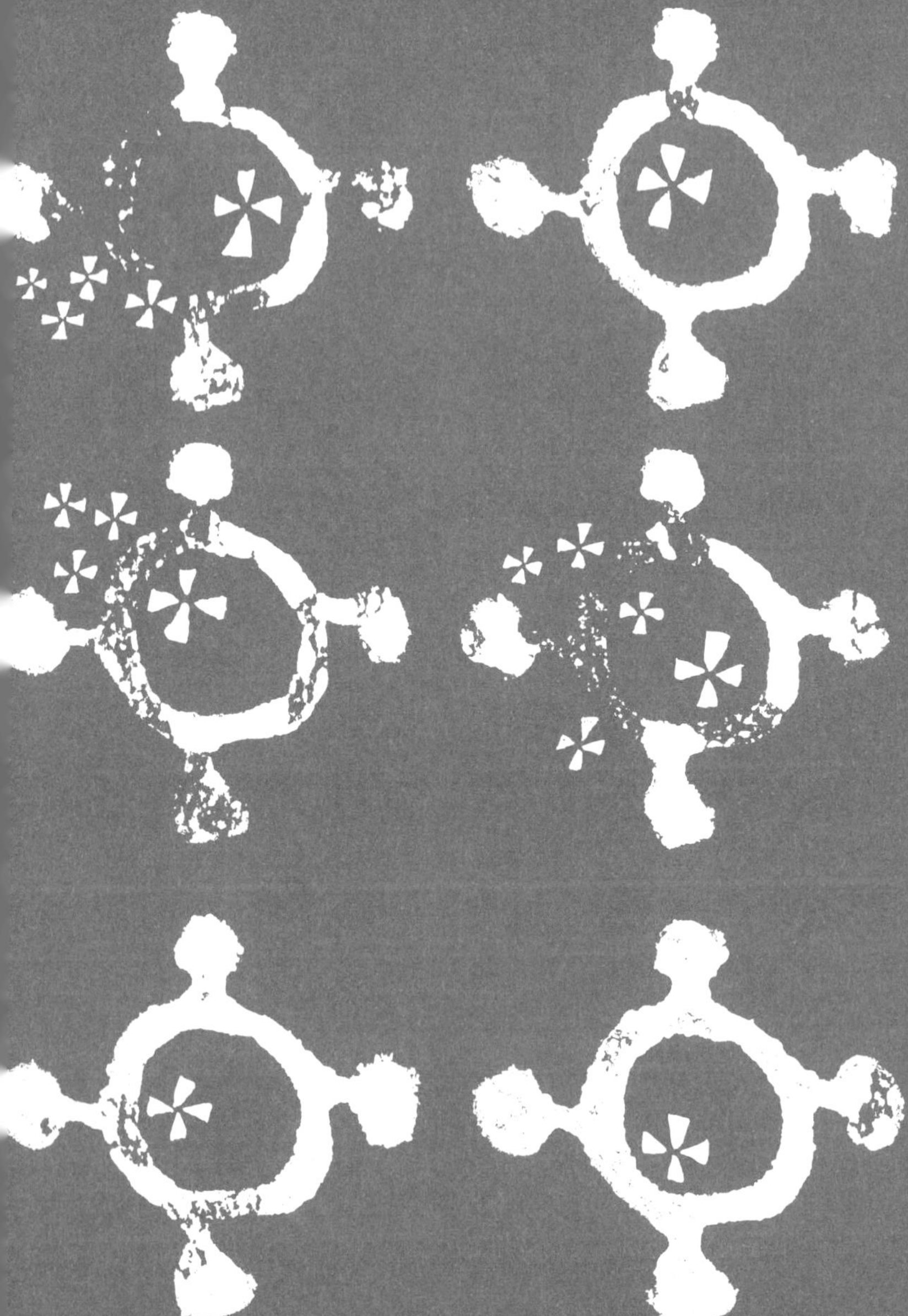